# 高效沟通的艺术

# FINESSE
## SUPERIOR SOCIAL SKILLS

[瑞典]亨瑞克・费克塞斯 著
刘颖 李欧 译

中信出版集团 | 北京

**图书在版编目（CIP）数据**

高效沟通的艺术 / (瑞典) 亨瑞克 · 费克塞斯著；
刘颖，李欧译 . -- 北京：中信出版社，2019.11（2021. 12 重印）
书名原文：FINESSE - Superior Social Skills
ISBN 978-7-5217-1190-5

Ⅰ . ①高… Ⅱ . ①亨… ②刘… ③李… Ⅲ . ①心理交
往—通俗读物 Ⅳ . ① C912.11-49

中国版本图书馆 CIP 数据核字（2019）第 233191 号



**高效沟通的艺术**

著　　者：[ 瑞典 ] 亨瑞克 · 费克塞斯
译　　者：刘颖　李欧
出版发行：中信出版集团股份有限公司
（北京市朝阳区惠新东街甲 4 号富盛大厦 2 座　邮编　100029）
承 印 者：河北鹏润印刷有限公司

开　　本：880mm × 1230mm　1/32　　印　　张：9.25　　字　　数：200 千字
版　　次：2019 年 12 月第 1 版　　印　　次：2021 年 12 月第 4 次印刷
京权图字：01–2019–6654
书　　号：ISBN 978–7–5217–1190–5
定　　价：59.00 元

# 目录

## 第 5 章　共情的力量：情感塑造世界



## 第 6 章　高情商社交技巧



## 第 7 章　如何影响他人

## 第 9 章　提高社交技巧，开创美好人生

# 引　言

## 这本书会给你带来一个崭新的生活

我很高兴你能选择打开这本书，因为你真的需要它，你可能没有意识到这点。不管你有多聪明，这一点千真万确。我写过几本有关沟通和心理方面的书籍，这源于我的个人兴趣，也源于我想帮助更多人更好地沟通、更清楚地了解自己的愿望。我在讲座中经常说你有很多时间去提高自己的沟通水平，因为你不能让自己的沟通水平倒退。重要的是你一直在努力。

但是，我错了。

你并没有很多时间去提高沟通水平。相反，时间有限。最近的研究反映了两件事。一方面，沟通的非语言、潜意识的方面远比我们想象中重要。新的研究表明，这些方面在看起来毫不相关的领域起到了决定性的作用，比如投资决定或者薪资水平。另一方面，我们现在的沟通水平比任何时候都差。更糟糕的是，这种能力正以惊人的速度退化。现代的生活方式使我们逐渐失去了理解他人和与他人共情的能力。在全球各地，当船上的难民不再能够登上报纸头条，而只成为生活中习以为常的一幕；当几百万人逃离家园；当政治话题聚焦在对未来的忧虑；当远非充满人文关怀的观点占据上风……人类不能互相理解以及人类需要互相理解这样的现实注定会带来灾难性的后果。

你不必非得是世界舞台的一分子才能注意到这个事实带来的影响，实际上，很有可能你已经为这一事实所累。我想你可能对你的一些同事非常厌烦，或者即使是对你最重要的人也不理解你或者他 / 她应该理解你，或者你将所有的休闲时间都用来看电视剧和上网。你已经很久不是某个团体的一员，或者你根本没有时间见朋友。别人问你过得如何时，你说一切都好。但是你的意思是你现在负责的项目进展顺利或者你没生病。你有一种深深的挫败感却不知如何应对。最近，你感到情绪低落。你不会向别人提起，因为他们理解不了。

如果你有上述情况中的 1/3，恭喜你！你就是被我们称为“现代人”这个成功群体中的一员了，有很大一部分人和你一样有这样的感受。

事情不能再这样下去，这也是我下定决心要和你一起努力改变的原因。

## 关于本书的承诺

本书中，我希望解释沟通不畅的原因，并为你提供解决这一问题的办法。但这些还不够。我想尽我所能，对社会注意力做出最完整的描述。

我不知道你的社交才能如何,所以我将从基础的社交技能谈起,看看你是如何主动与其他人接触的(以及如何判断他们是否想要与他人接触),如何避免无谓的闲聊,以及如何让每段谈话都有意义。接下来,我们将探究如何真正地去聆听他人倾诉,并与他们建立独特的关系。尽管许多自我修养书籍多次提到过这一话题,但它依旧没有得到足够的重视。然后,你会学到有重要的事情要说时,或者你想要改变一些事情时,如何让别人倾听你的想法。我们也将仔细研究你的内心想法,而内心想法恰恰是你实现良好沟通的主要障碍之一。因此,我们要解决这一问题。最后,我们将深入探寻可以让你避免被群起而攻之的一些策略和技巧,抑或是如果大家群起而反对,那么如何才能掌控局面,让所有参与者都觉得自己是赢家,而不是生气发狂,找不到解决方法。

这本书中我们教你的不是那种挥挥手或者说一句,"这些不是你正在寻找的机器人",就能控制别人思想的方法。我相信这个培训教程会让你成为尤达大师,而且不用担心被迪士尼起诉。如果你不理解上面这则比喻的话,你至少要知道,这本书会为你提供各种社交场合所需的社交技巧,不管是派对上,还是在一场痛苦的争执冲突中,都让你足以应对任何情况。总之,你将学会高明的社交技巧。

不过,我们要从人类与动物最根本的区别说起。

第 1 章

# 初见：从建立良好的沟通方式开始

知识让我感到充实！非常有效！

——《入侵者齐姆》剧中角色吉尔

未来是自己创造的，所以一定要创造一个美好的未来。

——《回到未来 3》剧中角色埃米·布朗博士

## 理解他人是我们必修的艺术课

人类是独一无二的。从根本上说，人类既是个体也是社会动物。每个人都是理性的，能够做出判断和决定。但我们也是有情感的生物，能够与其他人建立深厚的关系。世界既不是老鼠也不是海豚征服的，更不是邪恶的外星人征服的，尽管电影《第八度空间之门》中邪恶的外星人曾经试图通过第八空间征服世界。将世界征服于脚下的物种就是人类自己。人类能够征服世界不是因为我们有使用棍棒和石头做成原始工具的技能，也不是因为我们能够彼此赞同。我们如今可以成为整个星球主人的唯一原因就是：我们拥有理解彼此思想的能力。

现在，许多动物也和人类一样具有这种能力。最近的研究表明，老鼠似乎也有一定程度的自我意识。那么，形成对他人的意识也不再是什么了不起的事情了。在理解其他同类的精神活动方面，与我们最接近的是灵长类动物，但与它们相比，人类要高级得多。人类在幼儿时期，在理解同类思想方面就将其远远甩在身后。测试发现，两岁儿童的感知能力就与成年黑猩猩的能力相当。在注意有人移动食物或者需要哪些工具才能完成任务时，人类和黑猩猩都可以敏锐地察觉到。但是当理解其他同类的想法成为事情的关键时，两岁的孩子则遥遥领先。在必须顺着某人的目光去找到那个人隐藏的食物的任务中，小孩的表现远远超过了他们的灵长类近亲。在一项测试中，74%的孩子完成了任务，而黑猩猩的成功率仅为36%。与两岁小孩不同，成年黑猩猩本来有很多机会练习完成这些任务。

所以，让人类与其他动物区别开来，赋予人类压倒性优势的不是理解其他同类思想的能力，而是人类理解同类思想能力的水平。这是所有社会生活的基石。理解他人思想的能力可以让你指导自己的生活之路而不会碰到太多障碍。

你的直觉肯定已经意识到了这一点。

如果我告诉你，拥有高超社交技巧的人拥有最亲密的朋友，拥有最有价值的关系，拥有最美满的婚姻，亦是对生活整体满意度最高的人，你不会感到惊讶。这种能力在你生活的各个方面都发挥着作用。一个能够细腻感知他人是否理解其要求的领导是好领导。只有理解员工的需求，领导才能更好地激励员工。当然，一个不了解客户需求的销售人员什么也卖不掉。

但是，这种能力有一个弱点：你不知道如何运用这种能力。别误会我的意思，你现在处理事情的方式肯定也很棒。但这并不一定意味着你很擅长处理这类事情。这一切意味着你已经掌握了一个做事的基本方法。对于上述两项内容，你都可以做到，而且，也应该比这做得更好。

如果你觉得自己的生活经历与我刚刚提到的有所不同，我也可以理解。毕竟，你可能处理得很漂亮。但也极有可能你只是看上去擅长处理此事。你看，我们往往并不善于估计自己的能力。在一项研究中，需要一组受试者首先通过观看七种基本情绪（怒、蔑、厌、惧、喜、悲、惊）的面部表情图，并将图片与正确的情绪匹配来测试其读懂他人情绪的能力。接下来，受试者需要表达他们是否同意下列说法："可以根据我的第一印象来判断他人的性格。""即使人们试图隐瞒情绪，我也知道他人的感受。""我常常可以知道他人接下来要说什么。"这样，研究人员就可以评测出受试者感知并理解他人的能力。结果证明，受试者自认为的感知能力与他们实际感知能力的相关性为零，完全没有什么关联。

其他研究也得出了类似的结论。当我们判断别人想法的时候，我们无法判断自己是否正确。

我们不了解自己的这种能力如何，但是我们都希望拥有这种能力。另一项研究调查了人们想要拥有哪种超能力，结果显示读心术和时空穿越是人们最想拥有的能力。想拥有读心术的人数是想拥有飞行能力的人数的两倍，也几乎是想拥有隐身术的人数的三倍。我也理解为什么时空穿越和读心术一样是人们最想拥有的能力，因为这样就可以回到过去，改变你因为没能理解别人的想法而采取的错误做法。我们对这样的调查结果可以一笑置之，但是这反映了一个严肃的问题：完全理解他人是一个不可能达到的目标，人们把它看成一种超能力，其实本不必如此。

你可能觉得我说的这种情况并不适用于你，你与那些对别人毫不了解的人根本不同。你知道你的同事、同学和朋友中谁喜欢你，谁不喜欢你，谁了解你，你和谁在一起感到高兴，谁是你避之不及的混蛋。这就够了吗？如果你以为自己真的知道，也许这就够了。但是实际上你并不了解。

进一步的研究表明，在判断谁喜欢我们，谁愿意和我们约会或者招聘者是不是真的欣赏我们在应聘过程中的表现等事情上，我们的判断比投硬币决定只稍好一点。并不是我们对别人的喜好一无所知，我们对他人对自己的看法还是有所了解的。只是这种了解几乎可以忽略不计，研究表明，我们的判断比猜测强不了多少。

为什么我们还会觉得自己消息灵通、判断准确呢？其中一种解释就是，我们通常将自己对别人的理解建立在别人反馈给我们的信息的基础上，而这些信息通常是仔细筛选过的，尽管可能只是下意识地筛选过的。这些信息通常会受到别人认为你想听什么，他们想和你相处的关系的程度，他们羞于承认的事情以及社会规则和行为规范等因素的制约。因此，你用来判断他人想法的信息和他们真实的想法关系不大。你认为可能非常喜欢你的人也许内心对你有很深的厌恶之情，只不过他/她学会了如何隐藏自己的真实情感，因为如果表露了真实的情感就违背了社会规则。而你认为不喜欢你的人可能真的喜欢你，他们只是觉得将喜欢你这样私人的情感表现出来不是非常妥当。判断真实情感的迹象就在那儿，但是却因为有层层保护很难被人发现，特别是当你不知道应该通过哪些迹象去判断真实情感时，更是如此。

对已婚夫妻的研究表明，他们了解（误解）对方的能力不会随着相处时间的增加而增长，唯一随着时间增长的是让他们认为更加了解对方的这种错觉。

## 我们的社交能力从何时开始缺失了？

最近我在做演讲时，有人问到为什么我说我们不擅长沟通，但又说我们沟通时使用的技巧是天生技能的一部分。因为，我们理解其他人情感和想法的能力帮助我们征服了世界。我是不是自相矛盾？这个问题值得认真思考，但是我还没有发现有解决这个问题的相关研究。

可能当我们的生存依赖这些社交技巧时，我们的社交技能就会变得更加高超。不能理解他人由于谨慎而产生的恐惧，就像当老虎进攻时，他们看得到，而我们没有看到。如果我们没有注意到其他人生病了，我们也会吃下有毒的浆果。如果我们不能熟练地运用社会关系，我们就会受到排挤，这可能意味着我们的住所、食物都得不到保障，所以人们承担不了这种错误的后果。但是，今天的社会，不善沟通的后果已经不像以前那样明显。这就意味着，历史上我们第一次可以犯这样的错误——忽略使我们在数千年的生存历史中占据主导地位的技能而不会使生存受到威胁。这是第一种解释。

第二种解释，也是我个人认为最有说服力的一种解释，就是我们仍和以前一样具有理解他人的能力，只是 5 万年前的社会环境远不及今天的社会环境这样复杂。现代社会对人类沟通的要求与以往完全不同，这些要求是我们过去从未遇到过的，也从来没有接受过培训该如何去应对这些要求。我们生活在复杂得难以置信且不断变化的系统中。这个系统中充满了偏见、不同的道德观和价值观、性别角色、内疚、自尊、抱负和很多与人类生存无关的东西，但是又需要我们妥善处理才能过上好的生活。我们的社交操作系统可能是预先设置好的，我们只是错过了最后几个世纪的重要升级。现代生活要求 Windows 系统的升级功能，而我们的大脑却还在使用 DOS 系统。

实际上，使用这个科技隐喻并不恰当——如果有什么因素使我们的社交能力不断下降，那便是技术，你在本书中还将看到更多例证。

在我被问到是否自相矛盾的几个月前，我曾为瑞典某个城市的学校和教育部门做过一次讲座。我们越了解自己生活的系统，我提出的社交水平与当今社会结构不适应的理论就会变得越明显。

在生命最初的几年，我们处理的社会问题往往比较简单。可随着年龄的增长，事情会变得越来越复杂。当天来听我讲座的人包括幼儿园园长、高中校长，以及教育部门的各级行政人员。这给了我一个很好的机会向他们提问：这种社交能力的缺乏是否从儿童时期就出现了呢？或者他们能否观察到这种社交能力逐渐缺失了呢？如果是这样的话，他们是在多大的时候开始出现社交方式错误的呢？有没有什么方法能确定究竟在什么时候，人类那些预置好的方法不再适用于各种各样的社会准则了呢？

我认为比较可信的看法就是，这种社交缺失的情况出现在青少年期寻求身份认同的阶段。那个阶段大多数人回忆起来都很尴尬。另外，他们说发生社交缺失的情况越来越早，很可能在初中时就已经很明显了。

但是，听讲座的校长们坚定地认为我说的并不正确。他们都认为学生在九岁或十岁时就开始有不适应社会准则的情况了。

请大家考虑一下我刚才提到的观点。

如果你与学龄前儿童相处过，就会明白他们生活的过程是由很多漫长的社会实践构成的。在生命的前几年，我们学习如何与他人沟通。在这个阶段，我们知道可以让别人玩自己的玩具；不能打开自己刚送给别人的生日礼物；当着父亲的面放屁会使他恼怒，即使四年前他还认为这十分可爱。六岁时，我们已经比较善于社交。但是，让人能稍松口气的时间似乎只有这三四年，过了这几年，社会需求又会超过我们自身的能力。此时，大脑还远没有发育成熟①，我们又开始陷入困境了。

为了进行有意义的沟通，首先要了解对方（当然，你不知道是否真的了解）。然而，仅仅了解还远远不够，还要学会处理接收到的信息，然后运用这些信息影响接下来的谈话，再以一种对方能理解和接受的方式表达你的想法和情感。达到这样高的水平确实不

① 这也是问题的一部分。现代生活的社会要求我们理性地反思，而不是感情用事。而理性思维是大脑最后发育的功能。但如果把这作为人类社会技能缺失的唯一原因，那我们就都能在 25 岁大脑发育成熟时成为交际高手了。然而，实际情况并非如此。

易。我们在与其他人交流的时候学会了一些沟通技巧。父母是孩子的第一任教师，孩子也是从他们的父母那里学到了如何与人沟通。你的沟通方式也会受到周围朋友的影响。学校的教师和其他有地位的人也会对孩子的沟通方式造成影响。这些人都是出于好意，可是怎么确定他们就是教你与人沟通的最佳人选呢？当你学一门新语言的时候，你可能竭尽所能想知道老师是否精通这门语言，是否深谙语法规则，是否具备较高的教学水平。然而，对你至关重要的社交技能，你却只能寄希望于这些并未受过这方面专业教育的人的身上。

电台节目、电视剧以及一些网络自媒体也会影响你的沟通方式。我的很多朋友都是看着《老友记》长大的。而我看的是《X档案》，就获取社交技能而言我的选择并不明智。从《老友记》这样虚构的作品中学习社交技巧的问题就是，现实生活中没有人像《老友记》里面那样说话，没有人那么机智、幽默，也没有人像我们喜欢的这些电视剧、线上节目或广播节目里那样拥有人人羡慕的友谊。这也正是我们喜欢这些作品的原因，它们代表了一种遥不可及的理想状态。我们可能跟着剧中人物一起欢笑，但对学习如何沟通却毫无裨益。因为现实世界与影视作品中的世界大相径庭。看到最后也就记住一两个时髦的词，然后用在那些越来越烦人的朋友身上。

“逗你玩儿！”

鉴于此，难怪沟通专家罗伯特·博尔顿认为，80%的人在职场中失败的原因在于无法建立有效的人际关系。换句话说，他们的沟通无法达到应有的效果。沟通不良引起的问题在《瑞典工商业日报》2016 年颁发阿瑞茨·加塞尔奖时表现得尤为明显。这一奖项颁发给过去一年中的商业成功人士，典礼在斯德哥尔摩康瑟苏塞特音乐厅举行，场面隆重，环境优雅。会后问及这些获奖人士的成功秘籍时，几乎无人提及自己的经商天赋，很多人谈到了与自己喜欢的人一起工作的重要性。在他们看来，社交技能不仅是他们事业成功的决定性因素，也让他们的工作意义非凡。纵观整个瑞典最成功的商业人士，只有一个人提到了资金是成功的因素。

无论想干什么事情，良好的沟通与和谐的人际关系都是至关重要的。

尽管人类的社交技能是迄今为止最伟大的发明，实际情况却很严峻：普通人根本不懂得社交，而且越来越不擅长沟通。沟通的不充分、不顺畅会让人产生距离感，而这种距离感会影响你生活的方方面面。沟通失败不仅会让你对别人的话产生误会，还会答非所问。不仅如此，你还会感到被人误解，感觉自己很孤独，家庭生活也会出现问题；你还会认为自己工作能力很差，在职场或学校无足轻重，没有自己的一席之地。如此这般，精神和身体都饱受折磨，长此以往身心俱疲，可能会引起抑郁或其他健康问题。上文提到的罗伯特·博尔顿表示，这种与日俱增的社交距离已经成为当今社会面临的一大挑战。令人惊异的是，他早在 1979 年就得出了这一结论。那时候的沟通问题像是在公园里散步，如今这一问题如同在充满科幻奇迹、缤纷闪亮的新世界中昂首阔步。互联网的出现让情况更加糟糕，我们没有时间与人面对面沟通。

## “我今年没时间见你”只是一句借口

我也和你一样，离不开网络，把手伸进口袋拿出手机就能使用银行功能、收发邮件、查阅天气、浏览本周健身计划、看看维基百科，只有这样才感觉自己是一个有用的人。但是我们为这种生活方式付出的代价也是极为可观的。自从20世纪50年代开始，技术的革新使我们拥有了大量的空余时间，与此同时也为我们提供了更为触手可及的娱乐消遣方式。曾经人们的休闲时光很少，都是在相互陪伴中度过的，社交活动总是放在第一位，而且坦率地说，那时候也没什么可做的。因此，大家都去骑行、露营、烧烤、听音乐会或者出去跳舞。20世纪50年代电视的出现带来了翻天覆地的社会变化。短短几年，出门会面的社交方式就被取代了，人们都窝在沙发里盯着看《约翰尼·卡森》。虽然那时候也没有几个可选择的电视频道，但这种情况却持续了几十年。

转眼再看现在，各种娱乐消遣方式如洪水般从四面八方奔涌而来，结果就是我们的选择太多而没人有时间去尝试所有的选择。音乐软件几乎把整个世界的音乐都呈现在你面前，视频网站把你知道的不知道的电影、电视剧也都网罗给你，还有苹果应用商店提供给你成千上万的网络游戏，让人眼花缭乱。我刚刚只是提到了手机可以提供给你的娱乐。所有电子产品共同的特点是，它们是你独自一人的时候才能享有的娱乐。如果这些数码产品需要和现实世界中的人合作完成，就像《精灵宝可梦》这款游戏那样，肯定能赚足眼球，登上头条。

然而，人们并没有因为与新媒体的互动而放弃收看电视节目；

实际上，人们观看电视的时间不断增加。2015 年，每个瑞典人平均一天看电视 155 分钟，算起来一年就是 943 小时，这仅仅是看电视的时间。如果再加上浏览视频和下载的节目，那一天就是 249 分钟，一年 1 515 小时。你有智能手机吗？如果有的话，再把每天浏览手机的 132 分钟加进来，每天看 180 到 200 次。① 这样加起来一年就是 2 316 小时。这还不算是极端情况，这只是看电视和使用手机的平均时长。科技已经把我们变成了“瘾君子”，这种情况可以引用瑞典喜剧《莫兰和托拜》中的一句话来概括：“有一天我没法上网，我都发疯了。”

有一组比较非常有意思。瑞典人一年的工作日加起来大概是 224 天到 229 天（不算周末），因为国家法定节假日有时会在工作日以及闰年出现。每天工作 8 小时。如果全职上班，想想去年你做了多少工作。我指的是一整年，从 1 月到 12 月，大大小小所有工作都算，小到更换打印机的墨盒，大到完成的大型项目或新签的合约。可能工作的时候你还要出差。另外，这一年是很长时间以来最累的一年，也是工作天数最多的一年，有 229 个工作日。这样算来你一年工作了 1 832 个小时，听起来这时间真的是太长了。然而，这与你看电视、用手机的时间比起来，还少将近 500 个小时（或者说 60 个工作日）。

但是你可能不上班。为了把这个问题理清楚，就这种情况咱们再做一组对比。维基百科是世界上最大的数据库，其收集数据花费的时间长到让人觉得荒诞可笑。根据 2008 年的计算，维基百科大约

---

① 有人可能强调那 132 分钟的使用手机时间还包括收发邮件等，因为用手机收发邮件能够提高工作效率。而事实并非如此，研究表明使用手机收发邮件的效率比用电脑高 0%。

是一亿小时的工作结果。这个时间长到让人无法想象。2008 年以来，维基百科以惊人的速度不断充实起来。让我们将这个天文数字和同年美国人看电视的时间做一个比较。同年美国人看电视的时间是 20 亿小时，这么长时间可以创造出整整 6 个维基百科。

考虑到这一点，很有意思的是很多人抱怨自己没时间，我几乎每天都能听到有人这样说。人们没时间做自己想要做的或需要做的事情。但是如果说我们真的拥有一样东西，毋庸置疑，那就是时间，很多时间。但人们为什么会感觉时间不够，因为时间是有限的。蒂姆·厄本在他的博客中指出，如果你现在 30 岁，一年读 5 本书，那你一生就能再读 300 本书（假设你坚持读书到 90 岁）。这些书能摆满两个书架，但你可能没机会读其他书了。

希望你能明白我的意思。今天，你能接触的不是 300 本书，而是网上书店里成千上万的书，还不算只需要按一下键盘就能看到的电视剧。

这是我们不得不面对的现实。

你的时间不够用。

但这并不意味着没有尝试的必要。技术驱动下的媒体过剩让我们意识到：我们该学会优先选择了。我不是说在看《邪恶力量》所有剧集之前或之后，你应该看完八季的《灵异妙探》。我是说你应该考虑是否有必要看《邪恶力量》，或者考虑下一年花 2 316 小时看电视到底值不值得。你或许应该把精力放在其他事情或其他人身上。上文提到的博主蒂姆·厄本患有轻度抑郁症，他断言他父母可能活不过 30 年。（在写这篇文章的时候，蒂姆已经 34 岁了。）自 18 岁离开家，他一年见父母 10 次左右。如果一直这样，他一生中还能见父母 300 次。这意味着他和父母团聚的时间加起来还没他当初未离家时和父母一年相处的时间长。下一页用图形展示了他的这个意思。黑色的星星代表他到目前为止与父母相处的天数，白色的星星代表未来 30 年他和父母见面的天数。

心理学家拉里·罗森称为“技术压抑症”的现象，是一种现代社会才出现的问题，但无法安排好生活重点似乎已经成为人类的生存状况。恩斯特·丁奈特在他的《思维艺术》一书中写道：“你真的没有时间吗？你说的是真心话还是人云亦云？”

这是贫穷的极端形式，这是赤贫！

可能你所谓的没时间是指没有自己的时间，却有大把的时间无所事事。扪心自问，你属于哪种情况？

“忙碌的人有时间做任何事，与之相反，闲散的人无暇顾及任何事。”

恩斯特·丁奈特的这句话看起来是陈词滥调，那是因为这是他在 1929 年说的话。

大多数人似乎都是这样，时间不是无限的，问题在于你想把时间花在哪儿。尽管任天堂（一家游戏开发公司）更擅长释放人的多巴胺（玩《超级玛丽》最后拿到黑色星星的时候，让你产生难以置信的满足感的那种物质），但就这个问题的研究清楚地表明：唯一让人感到真正幸福、有意义的，最终还是良好的人际关系。

## 不沟通不会完美

诺曼·H. 尼和迪昂·阳光·希尔格斯是斯坦福大学的两位研究人员。他们发现在家多看一个小时电脑，与人见面的时间就会减少半小时。如果把出门见人放在其他事之后，你会越来越不擅长与人交往。

社交能力可能是与生俱来的，但也需要后天培养才能有所提高。这需要多年与人面对面交往的经验才能举止得体，准确理解他人的行为。要拥有较强的社交能力和周到的做事风格，需要与人互动，需要不断地探求、倾听，甚至偶尔犯一些错误。

因此，人们掌控对话的能力正陷入一场危机。肤浅、无聊、无意义的谈话充斥着这个科技发达的世界的每一个角落。现在人们交流的新高度是晒美食、晒健身房里健身的成果，甚至仅仅发一张搞笑的动态图，全世界每月要发出 3 500 亿条文本消息。每个月你处理的 765 条消息中有多少能对你有所启发？有多少是令人欣慰的，让你深受触动？有多少能够让你受到激励，有多少是真正有意义的？事实上，社交能力——能让人获得美满生活的能力已经淹没在喧嚣的信息中。这种无意义的对话也在影响着我们。你发送的信息可能需要好久才能发送给收信人，但是你可能不会当面对他说同样的话。如今西方国家离婚率高最普遍的原因就是沟通能力差。考虑到普通夫妇花在看电视上的时间比和对方交谈的时间要多得多，这也就不足为奇了。如果总是选择非面对面式的沟通方式，那么像解读面部表情或理解手势的情感意义这样基本的社交能力就会变得越来越差。这些技能越不经常使用，大脑中负责调控灵敏社交反应的脑回路就会变得越来越差。你做出的反应会变得不恰当，容易误解别人，或者完全忽略一些微妙的非语言信息，如肢体语言、手势和面部表情。研究表明，频繁使用网络会导致严重的心理问题。斯德哥尔摩一位青少年心理治疗师说，青少年体育活动休闲活动少、上网时间长这种情况与抑郁症多发有明显的联系。研究表明，过度上网会导致抑郁，强烈的孤独感、困惑、焦虑、疲劳以及沉迷网络的行为，让我们无法锻炼社交能力。与实际的面对面相比，网上沟通主要是匿名的、孤立的，不能提供与人交流时需要的反馈。实际见面时你会凭直觉做出回答，因为你没有时间像网上聊天那样有时间思考。现实生活中会面会教你社会规范，比如如何与陌生人打招呼，在办公室如何欢迎新同事，或者如何在盛大的宴会上做到举止得体。虽然在网络上观看指导行为的视频可能很便捷，但仍然无法替代真实的体验，因为大脑处理繁杂日常事务的能力得不到提升。

有证据显示，社交技能的丧失体现在方方面面。密歇根的一项研究显示，自 1980 年以来，青少年的共情能力急速下降，2011 年以后下降趋势尤为明显。现在你对研究人员做出的解释就会很了解了：青年人参加社交活动和社团组织等类似活动的时间越来越少，而这些活动提供了培养共情能力的机会。自恋之风横扫整个西方世界，因为青年人失去了对其他人的兴趣。

所有人都面临着同样的社会挑战，政治人物也不例外。想象一下这样的场面是不是很恐怖：在国际峰会上，参与的国家发生了严重的冲突，谁也不理解对方的表情和情感信号，缺少共情能力。事实上，很多研究人员表示，我们正朝着这个方向发展。

## 难道我们不比以前更加擅长沟通？

目前你在本书中看到的好像与现实的生活是相互矛盾的。毕竟社交媒体已经把整个世界都呈现在了你的眼前。那 3 500 亿条信息就是比以往沟通更多的铁证。确实如此。人与人之间的联系更加紧密了，全球意识也越来越强了，这在人类相互交流的历史上都是前所未有的。

然而，Facebook（脸书）、Instagram（照片墙）和 Snapchat（色拉布）并没有扭转共情心下降的趋势——相反，却使这种形势愈演愈烈。人与人之间从未如此不友善，从未离善良这么遥远。数字网络在传播信息方面速度惊人，但是除了几种特殊的情况，在传播同情心上却显得毫无用处。事实上，哥德堡大学的一项研究显示花在 Facebook 上的时间越长，幸福感越差。社交媒体上的人都是经过美颜修饰的。他们不是真正的人，他们只是很像"人"而已。

这会让我们感觉特别不好。

其实这并不新鲜。曾几何时，电视取代了我们的朋友和家人，我们把电视剧中的人物当成新朋友。问问身边那些追剧的人，他们会告诉你，他们是多么"了解"剧中人物。我之前提到的《老友记》是最成功的电视剧之一。"老友记"这个名字表面上是在讲剧中人物之间的友谊，实际上是在向观众介绍：他们是你的朋友。

电视剧中的人物与 Facebook 上的人物之间最大的区别在于，你总能意识到剧中人物是虚构的。① 无论《飞跃比弗利》中迪伦和布伦达看起来多么真实，但我们知道永远也不可能在大街上遇见他们。但是社交媒体中虚幻和现实之间的界限却很模糊。社交媒体中，那些和电视剧中那样魅力四射、智慧幽默、快乐幸福的人一下子就变得像真实存在的一样。他们成了我们的朋友。就像我们曾经向往电视剧中的生活状态，让我们对物质要求越来越高，当实现不了这样的愿望时会感到焦虑不安，现在我们希望生活在社交媒体中看到的那种遥不可及的生活中。就像悲伤小丑组合唱着《只有我自己》时感慨的那样，我们走过草地的时候也在焦虑地反问自己，为什么我们的朋友能过得那么快乐，而我们却不行。

我们都不愿承认自己有这样的想法。新科技有利于人在社会交际方面找到借口，人人都是专家。之前我提到过《精灵宝可梦》就是一个典型的例子。就在我写这些话的时候，《精灵宝可梦》这款游戏的热潮肯定还没过去。我对玩这个游戏的人倒没什么意见，只要他们眼睛紧盯着手机在大街上玩着游戏捕猎精灵时别乱跑撞到我的车就好。你想玩这款游戏我也不会阻拦，但是每当有人说玩这款游戏实际上是有好处的，就会让我很烦。他们所谓的好处是这样的：

---

① 但也不总是。忧郁的人有时候看电视看得更多，他们把电视中的人物当成真正的朋友。这一现象可以充分解释 2007 年的一项研究——不幸福的人比幸福的人看电视看得多。他们与外界交流不多，还把自己当成电视剧中幸福的人，就像咱们玩 Facebook 一样，也意识不到电视剧是虚构的。

斯德哥尔摩一个古老的小镇 vs.《精灵宝可梦》。一群人排成队，从街头的建筑排到了街尾的建筑。这张照片是我从藏身的街头拐角处，大喊“哇！快龙！”前拍摄的，因为这样我就能亲眼看见 200 人突然意识到自己站错地方的时刻了。

“走出家门，还能活动活动，也是一种社交活动，其间还会见到其他玩家。研究结果也证实了这一点。”不过，也不完全是这样的。研究显示，有广场恐惧症或严重焦虑症的人，从未像正常人一样走出家门，通过这款游戏，可以逐渐改变他们的行为方式，因为这款游戏让他们不得不走出家门。但是，游戏的作用仅限于此。如果走出家门后，只是呆呆地低着头站在那儿、全神贯注地盯着手机的话，距离我们这本书所讲的目标还差很远。事实上，几百人在相同的地方做相同的事情，并不意味着这些人建立起了社交关系。

也许以上所有情况都不适用于你。尽管你也有点过度使用手机，但在现实生活中你能和他人进行良好的沟通。你也知道社交媒体是不真实的，你也比较擅长与人交际。所以你认为没有什么需要提升的。当然，这种情况可能存在。

下面我们做个小测试，看看你是否需要这本书。下面有 21 道题，问题是针对科技进步引起人类社交能力不断下降的不同领域所设计的。认真思考下面的每一个问题，坦诚地回答“是”或“不是”。你需要独立完成，没必要让其他人知道你的答案。

1. 和人说话的时候，你是不是很难与他人进行眼神交流？

2. 你是不是很难解读他人的情感变化或肢体语言的意义？

3. 别人会不会很难理解你或者不能理解你的感受？

4. 是不是有人经常说你看起来有些心不在焉？

5. 是不是有人经常问你怎么了？

6. 当亲戚、朋友拥抱你的时候有没有觉得不自在？

7. 与陌生人见面握手的时候有没有感觉很尴尬？

8. 有没有觉得很难向别人寻求建议？

9. 有没有觉得很难承认错误？

10. 在众人面前表达自己的观点很困难吗？

11. 有没有为了不让别人失望而做自己不想做的事情？

12. 坦诚地表达自己的情感对你来说很困难吗？

13. 当别人细致描述自己的感受时，你会感到没兴趣吗？

14. 把别人的需要和感受放在你的感受之上，你会觉得很容易吗？

15. 当你的朋友让你产生负面情绪的时候，你是选择正视这些朋友，还是远离他们？

16. 当亲戚朋友与你谈到他们遇到的问题时，你会觉得你与他们之间有距离感吗？

17. 与你在乎的人谈论感情会不自在吗？

18. 你觉得鼓励别人很困难吗？

19. 你的出现会使别人高兴吗？

20. 别人能理解你的愿望吗，他们会按你的意愿去做事吗？

21. 你有没有让自己的行为风格发生过变化，这些变化能影响其他人吗？

所有这些问题涉及非语言沟通的方方面面：自我形象、共情能力、倾听、解决冲突和领导才能。如果前 18 道题中，你有一个答案是“是”，或最后 3 道中有一个答案是“否”，我建议你继续阅读本书，因为这些方面的能力都是你需要掌握的，这样你才能真正适应社会。

## 幸福最重要的因素

布兰妮·威尔是一名照顾临终病人多年的护士，这些病人大多只剩 3~12 周的生命。她对这些余生不长的病人进行了一个采访，请他们说出人生中最遗憾的事情是什么。所有被采访的人中没有一个后悔自己没在 Instagram 上多发几张图片，多看几篇日志，或者后悔没把整季的《达拉斯》看完。他们后悔的是当初不应该那么拼命工作，不应该忽视与自己重要的人之间的关系，这些使他们与原本触手可及的幸福擦肩而过。布兰妮是这样解释的：很多人到生命的最后一刻才意识到幸福是一种选择。

我再提醒一次，如果我们不去感受周围，不去思考，不体会情感，我们会错过人生幸福最重要的一个因素：与人建立有意义的关系。

一项大型研究甚至揭示，健康的友情关系和亲情关系是幸福唯一的因素，是你需要的唯一因素。当然幸福还有其他的构成元素，但是如果没有健康的人际关系，其他都没有意义。

我们这么费力才意识到这一点真是太遗憾了。心理学家尼古拉斯·埃普利对坐火车去芝加哥上班的人做了一项实验。首先，他让受访者想象一下，以下哪种方式会使旅途更加愉快：a. 独自坐在座位上，享受安静；b. 和身边的人聊天；c. 平时在火车上做什么还做什么。他们的回答令人惊讶：最让人难受的是不得不和身边的人聊天。接着，他让受访者选择，a. 独自坐在座位上；b. 和身边的人聊天；c. 平时做什么还做什么。猜猜最后哪些人的旅途最愉快？当然是那些和身边的陌生人聊天的人。

其实，这是我一位非常擅长约会的朋友过去常做的事情。他经常在地铁上和一些坐早班车去上班的女性搭讪，她们看上去都很无聊。这样的时间这样的地点，看起来似乎是最不适合调情的。可事实上，这些女性因为和他相谈甚欢，而少了一次无聊的乘车之旅，最终他的口袋里收获了无数女性留下的电话号码。

## 大脑希望你参加社交活动

幸运的是，前文提到的这种情况是可以改变的。科学家通过扫描人类大脑，发现我们可以控制并且训练大脑，使其更好地进行社会交往。你有机会重获社交技能，甚至还可以将社交技能发展得更好。不仅如此，社交能力的提升还会给你带来其他意想不到的收获，而且不需要任何额外的投入。比如，交际能力的提升会让你变得更加睿智。心理学家奥斯卡·亚芭拉通过对 3 500 人进行研究发现，日常的社会交际可以提高一个人的大脑容量，提高人的认知能力。亚芭拉注意到一个人和朋友聊天的频率与他们在记忆力测试中的表现有直接关系。在他测试的参与者中，测试之前花十分钟和朋友聊天的人比花十分钟阅读或看电视的人在记忆力测试中的表现要好。这可能不足为奇，因为当你与别人聊天时，你的大脑始终处于忙碌的信息交换状态，这些信息从四面八方同时涌来，既有语言信息也有非语言信号，你还需要把谈话的内容与之前提到的内容联系起来，而且要确保记忆的准确。毋庸置疑，这个过程比那些被动活动如阅读，更能刺激你的记忆力和注意力，当然阅读在精神上也可能有其他刺激作用，只是从不同的方面起作用而已。

社交能力的培养和提升，为你创造了掌握一切的可能。而且这个过程并不困难，你的大脑希望你这样做。实际上，当你感觉自己与世隔绝、孤独无助的时候，是大脑在惩罚你；而当你重新融入这个世界，并与之产生联系的时候，是大脑在奖赏你。当你把生命活到极致，感受到爱的时候，实际上是大脑充满了多巴胺。这是你尝试一项新的活动，大脑释放的作为鼓励的一种化学物质。然而，当你感觉自己被完全孤立起来，什么多巴胺的鼓励都没有的时候，你的感受肯定是与之截然不同的。

在一项实验中，实验人员对正在玩电脑游戏的人的大脑进行扫描。游戏中，参与者把球扔给另一个人，而这个人没有和他们在同一个房间。实验者是这么告诉他们的，实际上另一个房间里根本没有另一个打游戏的人，玩游戏的人却不知道这一点，其实是电脑在和他们打球。游戏设定了程序，电脑会逐渐停止把球扔回来，而是自己玩起来。接受核磁共振成像扫描的一方发现球没被扔回来，也就是从扔球这项游戏中被驱赶了出来，这件事刺激的大脑部位和处理身体疼痛的部位完全相同。

实验结论显而易见。大脑希望你快乐，希望你多多参与社会活动。参与会让你变得开心快乐，不参与会让你悲伤痛苦。在这个崭新的时代无法建立有意义的人际关系或许真的不是你的错误，但你也可以对此做点什么。就像现代心理学的创始人威廉姆·詹姆斯所言："我们这代人最伟大的发现，就是人类能够通过改变态度来改变生活。"

不要老盯着那些社交替代品了，是时候抬起头来面对现实了。因为你值得去拥有一份真正的情谊，只需要做你自己，无须修饰，无须完美，却依然精彩无比，价值连城。生活的方方面面都是如此。谷歌至少间接地和人们日益减弱的社交能力有关，它也意识到人们只有在自己的社交圈子里拥有一定的安全感，不担心在同事面前丢脸，才会达到高水平的生产率。但也对人们日益减弱的社交能力分担了一份负罪感。这一观点得到哈佛商学院艾米·艾德蒙森的支持，她通过多年对生产率和心理安全之间关系的研究，也得出了相同的结论。而本应显而易见的结论，却是谷歌聘请众多研究人员花了五年时间耗费巨资才得到的。

当你懂得一些社交策略，不仅能让你和其他人的沟通变得有意义，使别人受到启发，使谈话内容丰富，你还能引导别人如何沟通。因为你周围的人在和你谈话之前就像你当初那样没有头绪，所以你为什么不以一种温和友好又颇具引导意义的方式与他们沟通呢？正如艾普利所言：没有人主动和你打招呼，但是当你和他们打招呼，几乎每个人都会回应你。以这样的策略，你会让所有人都愿意和你打招呼的。

***

所以，从哪里开始呢？是不是可以从决定见面是有趣的、灾难性的或者从可以谈论的事情开始？也就是理解人的身体语言，了解这种非言语性的沟通对你的社会交往技能能起到决定性作用。通过观察和解读一个人的面部表情和肢体动作，你能掌握他们的想法和观点中很多重要的信息，这能使你在正式谈话之前就对对方有所了解。因此，在深入探讨如何使用语言进行有意义的谈话之前，我们下一章先了解一下身体表达出的想法。

对本书使用第三人称的短评。

作为一位人际沟通领域的作家，我始终面对着这样的问题，那就是如何举例说明人各有不同。我应该通篇都只是用"他"或"她"吗？任何一种选择都是有利有弊的。最近几年，使用"他们"这样的中性性别代词日益普遍。而出于风格的考虑，我并没有使用这些词。本书提供的信息有些复杂，需要尽可能细致地解释。考虑到这点，使用"他们"这样的中性代词反而会省略一些必要的信息，并不恰当。我想提供具体的信息，而不是隐去这些信息。于是这些词有了用武之地。为了给各位亲爱的读者提供最简洁的阅读体验，接下来的章节我将交替使用"他"和"她"，这对我来说似乎是个两全之策，我投个硬币看看先使用哪个人称。

第 2 章

# 非语言沟通：言语之外的艺术

静默里含着许多话语；姿势里表示着充分的意义。

——威廉·莎士比亚

## 我们一直在沟通

即使你低头看地，尽量不做动作或是抓耳挠腮，仍然会向别人传达信息。无论你的意图如何，他们都可以在你的手势中找到答案。

你与他人真正交谈而非空洞闲聊时，总会掺杂情感。这是一件好事，因为无论话题多有趣，我们都只有通过投入情感才能真正地参与其中。只有谈话中带有情感，你才会知道自己是在和另一个人沟通。当然，在严肃的谈话中，情感会更加强烈，即使是在日常生活中，情感和情绪也时常出现。

拥有解读他人情绪状态的能力至关重要。这样，你既能理解她想要传达给你的内容，又能使对话尽可能生动、有意义。如果你有幸与一个老练的沟通者打交道，这些情绪也会通过她的话语表达出来。然而，在大多数情况下，情绪主要是通过肢体语言表达的。能够解读身体语言所体现的含义会成为你的一大优势。你也可以用肢体语言来强化你的话语，让对方更愿意听你说话。

非语言沟通的有趣之处在于它产生于不经意间。即使我们想控制身体语言也很难掌控住。另外，我们对身体语言的解读能力也很一般。我们似乎总能感受到一些普通的身体语言信息。其他类型的信号，如微妙的手势或面部表情的变化，往往会被我们忽略。但如果我们知道自己不再令别人感兴趣或他人试图对我们隐藏情绪时，这些手势和表情就显得十分重要了。

麻省理工学院人类动力学实验室的阿里克斯·彭特兰教授是全球组织工程和数据科学领域的顶级专家之一。他发现，与只得到商业文件相比，如果金融投资者可以与该公司的经营者见面，他们就能更好地判断企业成功的可能性。不仅如此，他们也做了其他判断。只阅读商业文件而没有“直面生意经营者”的投资者会选择与投资完全不同的业务。而后者的公司业绩表现更好。通常来讲，社会交往中存在非语言信息的沟通，彭特兰教授认为这是商业成功的一个重要指标。

遗憾的是，在我们最需要非语言沟通的时候，我们却通常选择回避。我们认为谈话会令彼此不舒服时，便会避免面对面地沟通。相反，我们会使用最间接的沟通方式，例如用发短信的方式甩掉情侣。这种方式可能不像谈话那样会产生冲突，但也因此缺乏人性化，因为收到短信的人往往会更痛苦。英国教育技术研究所的亚当·乔伊森发现，那些在高风险情况下进行沟通的测试者，比如需要邀请某人外出或者向老板提出加薪时，更倾向于使用网络而非更加直接的沟通方式。乔伊森认为，这是因为我们在网上进行艰难的讨论时会感到更强烈的控制感。但是，这些沟通方式带来的控制感只是你的情绪感受。你可以通过远离“战争的硝烟”确保只传递必要的情绪，这也可以使你不会因为受他人情绪的影响而陷入纠结的状态。

另外，你也弱化了对信息的控制以及对他人接收信息方式的了解。由于缺乏他人的非语言反馈，你不知道她是如何理解的——她是理解还是误解了你的意思，你可能错过了一些有价值的信息，借助这些信息，你才知道需要澄清或努力解释才能让别人了解自己的想法。你所收到的只是回复中的那几句话。在第 6 章，你会了解到你还远没有达到通过文本信息在“字里行间”去推测对方意思的程度。尽管实际意义可能看上去十分清楚，但信息的发出者和接收者可能对使用的词语有不同的情感反应，因此对信息的理解可能完全不同。

回避直接沟通，你也不会适应如何处理困难的反馈，这意味着你错过了在艰难的讨论中提高自己社交技巧的好机会。因此，如果你和大多数人一样，宁愿发送短信或电子邮件也不愿意打电话或与某人见面谈，你就失去了一些练习社交技巧的重要机会。你也很可能错过了找到意想不到的解决方案的好机会，这些解决方案或许本可以帮助你实现目标，但你却因为没有参与到解决方案所需的微妙的非语言沟通中，导致你永远不会知道那些经历可能会带给你什么。但是，通过改变现在的行为，你可以确保它永远不会再发生。

然而，如果你过去忽视了非语言沟通，我不会责怪你。可以肯定的是，自从人类在这个星球上存在以来，肢体语言就是我们的一种沟通方式。在最初的 15 万年里，我们不断尝试也不断犯错。可我们创造的世界变得越复杂，笨拙的沟通就越不能适应这个世界。然而，直到 1967 年，动物学及动物行为学家德斯蒙德 · 莫利斯出版了著作《裸猿》，书中第一次对人类的行为进行了分类。在 15 万年的使用过程中，仅在近 50 年里，研究者才开始关注非语言沟通的含义，我们才开始意识到它的重要性。

## 声音也能传达出丰富的情感

你的声音在非语言沟通中也起着一定的作用。你的声音通常比你说话的内容还重要。非语言沟通的功能十分强大。即使是最细微的变化，比如难以察觉的音调变化，也能包含我们想表达并影响我们的重要信息。维尔茨堡大学做了一项巧妙的实验，测试参与者听到一个声音在读你能想象到的最乏味的材料：英国哲学家大卫·休谟著作的德语译本。录音分为两个版本，一个愉快一个悲伤，但两个版本的差别非常细微，不知道有两个版本的测试参与者都不会发现其中的区别。

尽管不同声调之间的差异非常细微，但是其传达出来的情绪还是影响了测试参与者。实验要求参与者听完录音之后评价自己的心情，在听录音前也是如此。结果是那些听到愉快声音的人心情变得更愉悦，而那些听到悲伤声音的人心情更低落了。尽管他们都表示自己的情绪状态没有任何变化。这正是我们日常的情感状态和情绪存在的方式。我们并不知道是什么触发了内心的情感和情绪，而是突然就产生了某种情绪。维尔茨堡大学的实验表明，世界上充满了有声的非语言，这些也会影响你的情绪，比如有人和你通电话时的声音就是如此。

如果你想知道某人对他们所谈之事的感受，可以通过倾听他们的语调来判断，这并不困难：

| 语调 | 可能表达的情绪 / 含义 |
| --- | --- |
| 单调 | 无聊 |
| 缓慢沉稳 | 压抑 |
| 响亮有力 | 热情 |
| 升调 | 惊讶 |
| 冒失粗鲁 | 防御性 |
| 高音缓慢 | 疑惑 |

如果你想得到他人的认真对待，你的声音要保持沉稳冷静。训斥别人时，尽量用平缓的语调甚至低声单调的声音（你最好将目光注视地板），你就会明白我的意思。

一旦出现强烈的情感，你就无法保持沉着冷静的声调。这就是在参加会议或开始感性的对话之前提前发泄情绪的原因。拿墙出气或者和一个没有参与此事的好朋友分享你的沮丧。先释放你的情绪，然后再谈。这样，在讲道理时你会更冷静，声音也会更加沉稳。

## 音调的感染力

2016 年，在瑞典的阿尔梅达尔维克举行政治大会期间，我分析了瑞典某新闻网站中各党派领导人发表的演讲。

观看演讲时，我注意到演讲者使用了一些修辞技巧来影响听众对语音信息的接受，将语调变换作为唯一的手段。你可以借鉴这些政治领导人使用过的技巧，提高自己成功的概率。

第一个技巧借鉴自瑞典左派领导人乔纳斯·斯约斯特。

在瑞典语中，当提到一些显而易见的事物时，我们的语调通常会稍微提高一点，在句子的结尾更为明显。这就让人感到声音比较单调。这种语气说明你所说的没有问题，不值得担忧，是一个明显的事实，不需要进一步探讨。然而，乔纳斯·斯约斯特却用这种轻松的发音方式来表达那些并不明显的言论。也许他总是用这样的方式说话。无论他是否有意为之，这一技巧让他能够将有争议的说法变成陈述事实。试着用你刚才那种语气说“这就是为什么目前的税收水平与现代社会并不相符”这句话。你会听到，你的语气不会引起人们对这个话题的争论。事实上，你甚至不认为它是一个有争议的话题——这是任何人都能得出的明显结论。但是听起来是显而易见的事实并不意味着这件事真的不言自明。

欢快、轻松的语调似乎在说：“这已成定论，让我们继续。”听众需要非常用心才能对刚才的话提出反对意见，尤其是当演讲者像斯约斯特这样，立即开始讨论下一个话题。这样做的效果就是听众接受了话语中的隐含意义，“这种说法不容置疑”，专注聆听接下来所说的内容，不会提出任何异议。

第二个声音的修辞技巧来自中央党领导人安妮·洛夫。

她在 2017 年春天的所有民意测验中都名列榜首。这一技巧将不同的语调与古典修辞中借鉴而来的特定的语言结构相结合。安妮·洛夫得出一个结论时，会把结论分为三句：前两句是她的看法的事实基础，第三句是她得出的符合逻辑的结论。两个前提，一个结论。如果事物分成三部分，尤其在故事中，人们就更易接受。每个故事都有三次尝试，三碗粥，三张床，等等。因此，这种结构在修辞中出现也就不足为奇了。

前提一：九年级毕业生的学术能力正在迅速下降。

前提二：由于教师职业地位较低，申请参加教师培训的人数较少。

结论：我们必须让教师这个行业具有吸引力，这样才能拥有更多更好的教师，从而拯救孩子的教育。

使用这种结构，结论极具说服力。但安妮也通过改变声调为演讲带来变化：她举第一个例子时语气强而有力，第二个也是如此。

之后，在发表观点时，她说得相当轻柔。

她在演讲中多次使用这种方法。高声宣布某事之后降低音量和语调吸引观众。这种音量对比能令他们全神贯注倾听你的演说。事实上，不必大声喊出观点也会让你看上去更加自信。你所说的话会让人更容易接受且更具说服力。这个技巧非常有效，你可以把它用于任何你喜欢的话中。当你以轻柔的语气传达信息时，人们也会点头赞同，因为这与你刚才强有力的表达形成了鲜明的对比。

有时候，声音会在不经意间出卖你。

例如，人们在紧张时便会加快语速。如果你也有这种情况，可以考虑使用以下技巧。将你的讲话速度放慢到当前速度的 75% 并这样做：大声朗读本书（或其他你更喜欢的书）100 秒钟，用你手机上的应用软件计时。使语速与你的谈话速度保持一致，这通常比读书速度稍快一些。记录你的进度。

接下来，再次朗读文本，但要放慢速度，用 130 秒的时间将同样的内容读完。

这一观点并非要你讲话时放慢速度；尽管说话稍慢一些，使用停顿及发音技巧能让你的表达听起来自然流畅。反复进行这种练习，直到找到自己的演讲节奏为止。

在处于不安状态时，你要注意声音，放慢语速，与练习时的速度一致。无论你内心如何紧张，稍慢的语速会令听众感到你情绪稳定且充满自信。

回想一下你的建议没能获得支持的情况。想象一下如果你将乔纳斯和安妮使用的技巧用于你的表达中，会多么有说服力。你可能后悔自己当时不知道这些技巧，或者为下一次需要这些技巧时能用到它们而感到欣慰。

神经系统科学已经证实听觉在中枢神经系统中并非特别强大，至少与其他感官相比确实如此。另外，视觉印象会让你记住一些东西。这意味着你的意思表现出来得越多，并且说得越多，我就越能记住你和你传达的信息。因此，当你需要表达自己的时候，用上所有的肢体语言，这是一件好事。

## 表情的吸引力

毫无疑问，身体语言中最细微的就是面部表情。当有人进入房间时，我们首先注意的是这个人的脸。我们对人脸有一种独特的洞察力。当你观察别人的眼睛和面部表情时，大脑中叫颞上沟的区域会被激活。在其他情况下，这一区域可以帮助我们区分讲话和噪音，故事和胡说八道，并区分主观看法和客观现实。面部是能够触发大脑这部分活动的唯一视觉刺激。这意味着在眼睛能看到的所有东西中，大脑会对这些印象进行区分。它们是唯一能被优先传导到子系统进行社会解码的感官输入。

你可以用非常微妙的方式改变面部表情。你需要做的就是在不知不觉间将眼神收紧，这样别人就会知道你对他们说的话有些怀疑。脸部只有 42 块肌肉，你可能并不认为轻微的改变就会让别人产生不同的感受。虽然你可以表达七种普遍的情绪（愤怒、恐惧、惊讶、厌恶、蔑视、悲伤和快乐），英国格拉斯哥的研究人员瑞秋·E. 杰克最近发现，你甚至连六种不同的面部表情都没有——至少一开始没有。根据杰克的说法，当你开始表达情感时，你只有四种不同的面部表情。例如，恐惧和惊奇起初看起来完全相同。两种表情开始都表现为眼睛睁大，之后带动其他肌肉，以表明你的情绪究竟是什么。

瑞秋·E. 杰克和她的科学家朋友告诉我们，面部表情并非我们认为的那样普遍。他们将西方人的面部表情与东亚人的面部表情进行比较，发现东亚人的表情区分不明显，往往是几种情绪混在一起。东亚人更依赖于表情开始时的眼睛变化来表达情感。[①]

最容易理解的肢体语言是那些“象征性的”动作，即具有文化习得含义的手势。这些手势看起来更友好、更聪明的原因可能在于

---

① “眼神”的重要性可以从东亚的表情符号看出来。(^.^) 代表开心，(>. <) 代表难过。

这样使你看起来会更好。

许多具有特定含义的表情或手势已经成了“符号”，就像文字一样。例如，自温斯顿·丘吉尔的时代开始，伸出食指和中指，手心向外比“V”的手势，象征着胜利。还有一些特定的手势，尽管并不是源于文化，但它们已经被赋予了某些明确的意义。另一个例子是歪头。跟别人说话时，歪着头是友谊和友好的象征。别人会认为这是你正在倾听的标志，而且和她在一起你感到有趣、安全。关于为何这样解释，人们持不同观点。有一种观点认为，这种方式露出一只耳朵，表现出倾听的意愿。另一种观点是，暴露颈静脉会让你变得脆弱，而有意识地显露脆弱能表现出你很强大（不像避开威胁时把头缩回去盖住动脉）。我不知道这两种观点谁对谁错，抑或这两种观点都是正确的。但是研究发现，歪头的人看起来更可靠，相处起来也更有趣。而且，男人和女人说话时这样做显得更英俊，而女人和男人说话时这样做会使自己更具魅力。在谈话中倾斜头部的人与没有这样做的人相比，会显得更友好、更和善，也更坦诚。

我们认为自己聪明、优秀，值得他人关注，因此我们喜欢那些给予我们应有关注的人。因此，当复制和繁殖基因时，如果和一个喜欢你的人共同完成，成功的概率就会大得多。这意味着，你必然会认为那些关注你的人更具吸引力。最后，你会希望这些关注你的人是好人，因为那也说明你是怎样的人。尽管你对别人性格的评价会受到潜意识中对其某一姿势反应的影响，这种理解并没有错：你会感到她比别人更友好，更有吸引力而且更有趣。

别人的肢体语言会引起你的反应，会影响你的判断，反过来又会改变你自己的肢体语言，其他人也会无意识地做出反应，从而影响他人的判断。依此类推。我们的大脑和身体在一个不断反馈的循环中相互交流，我们却很少注意。这些非语言的信号对我们来说非常重要，我们在任何地方都能看到——包括它们不出现的地方。即便汽车也可以有友好或刻薄的个性，因为它们也有脸，有代表眼睛的前灯以及代表嘴巴的格栅。暂时把《赛车小劳瑞》放在一边，美国汽车制造商道奇公司设计了以外观为卖点的汽车（比如道奇战马）[①]，还有丰田 CH-R 2017，与其说它是一辆汽车，倒不如说它更像一头冲锋的狮子。

## 你眼中闪烁的光芒

在诗人笔下，眼睛可以表达无数丰富的情感。眼睛是你拥有的最强大的沟通工具之一。眼睛可以表达一系列不同的情感，比如愤怒、激动或悲伤。你也可以用来验证别人是否理解你所说的话。如果你的谈话对象垂下睫毛，证明她很难跟上你的节奏；如果她眯着眼睛，是否表示她在怀疑你说的话？如果她睁大眼睛注视着你并且轻轻点头，是否表示她理解了你的话，希望你继续说下去？

你凭直觉感到，在你说话时看着你眼睛的人对这次谈话很感兴趣。你也知道，当她看着你的肩膀时，意思正好相反。为了进行顺

---

① 然而，以外观为卖点与友善的外观并不是一回事。道奇战马看起来很愤怒，可能是因为设计师想给它一个强大的外观，以配合汽车制造商道奇充满雄性激素的形象。

畅的对话，解码这些信号很有必要，它们可以成为你在重要会议上最好的工具。

遗憾的是，这些信号常常派不上用场，因为我们习惯于在见人时带上电脑或智能手机。会议期间使用电脑会非常有用：如果有人提出一个问题，可以使用谷歌搜索答案，如果有人提到预算数字，你可以立即添加到电子表格或数据库中，可以用电脑代替笔和纸来做笔记。

但是，当你暂停演讲确保听众能跟得上却看到人们都在低头看着笔记本电脑的屏幕，你该怎样理解呢？你无法判断他们是否真的在听，如果在听的话，他们是否理解了，或者他们都在开小差，一心想着要打破《太空钻地机》的游戏得分纪录。

毫无疑问，如果你曾带着电脑参加会议，不管你多么努力地集中注意力，你的目光都可能会在屏幕和说话人之间来回切换，即使你知道自己应该完全专注于另一方才能有效沟通，但很难控制自己不走神。由于这个原因，一些公司已经禁止在内部会议上使用电脑。然而，你不需要等别人来禁止。你可以下定决心，从现在起，除非必要，否则不要带上你的电脑。如果你需要记笔记，你可以像现在越来越多的人那样：买一个漂亮的笔记本，用笔做记录。这不仅能锻炼你的手部运动技能，使大脑得到锻炼，也会使你看起来更时尚。

当你和一个人说话时他没看着你，你就容易走神而且总是想看别处。但是，如果跟你说话的人与你有眼神交流，即使你偶尔看了一会儿别处，你也会想要保持眼神交流。眼神交流似乎“把我们拉了回来”。有意识地保持眼神交流被称为吸引某人的注意力。如果你想吸引一个人的全部注意力，不管她是你在咖啡店排队时遇到的女孩还是你的老板，你都要确保她并没有看其他的东西，因为这也意味着她可能正在思考其他事情。当然，盯着别人眼睛的时间过长会让人觉得不舒服，尤其在你和他们不太熟悉的时候。吸引他人注意力的诀窍就是在说话和保持眼神交流之间来回转换。我们经常会在对方说话时或者谈话变得沉默时将视线移开。想要吸引某人的注意，就不要将视线移开。她说话的时候看着她，谈话暂停时看看她。

提醒一句：当你保持目光交流的时候，会加速他人肾上腺素、后叶催产素和其他使人兴奋的荷尔蒙的分泌，使你们之间形成一种强有力的联系。因此，你确定那正是你想要的，才能使用这种技巧！

当你把视线从某人身上移开时，要看向两边。眼睛往下看是一种屈服、害羞或尴尬的表现，而这些都不是你想要展现的。而向上看会被认为在轻视对方，人们很容易将其解释为你的心里在感叹，好像在说："我为什么要跟你说话？"这也不是一件好事。相反，如果你看向两边，就会传达出你支持此人的观点，只不过需要一秒钟左右来考虑刚刚说过的话。你还应该慢慢移开视线，让对方觉得你不愿这样做。这表示你认为你们之间的关系比你头脑里的想法更重要。

## 谈话中的目光接触

当你和他人有大量目光接触的时候，也会让别人明白你说的是真心话，并告诉他们你是一个聪明的人，并不容易分心。

那么，究竟有多少目光接触合适——既不太多也不太少？在耶鲁大学的一项实验中，人们发现被测试者在讲述自己的个人经历时，与女性保持目光接触的时间越长，他们之间的关系就越亲密。无论被测试者是男性还是女性都会如此。因此，如果你是一名女性，究竟有多少目光接触合适这个问题的答案是：无论与你交谈的人是何性别，再多的目光接触都不嫌多，目光接触多少完全取决于你出于何种目的。

然而，当被测试者在对一名男性讲述个人经历时与对方保持目光接触，有一半人会有不同观点。男性被测试者感觉受到了威胁，变得敌对，或者认为另一名男性在和他们调情。这可能是由于我之前提到的：目光接触加速肾上腺素和后叶催产素的分泌。肾上腺素最可能引发两名男性间的攻击性。然而，很快“爱情荷尔蒙”后叶催产素也会释放出来，与上述情况不同，这对那些缺乏身份认同感的男性来说是颇具威胁的。

所以，男性的答案是：即使是和其他男性交谈，可以保持比通常情况下长一点儿时间的目光交流，但注意不要让对方误解或让他感觉受到威胁。而和女性说话时，你可以使用比通常情况多很多的目光交流。

招聘机构经常使用一种技巧，当你去面试的时候，你会面对两名招聘人员，其中一人关注面试，而另一个则专注于观察你的表现。

这种情况并不能总令人感到舒服，因为你会感觉到别人在观察你，而不仅仅是看你。这种技巧也用于警方的审讯中，这样主审员可以专注于回答时的语言，而他的同伴则专注于那些容易被主审员忽略的微妙的细节。

你可以更巧妙、更柔和地使用这种技巧，让别人觉得他们得到了额外的关注。这只需要在对话中有几个人。在一群人谈话的时候，你通常会看向说话的人。但是，这次要看你想要关注的人。别人说话的时候看向她表明你对她的反应非常感兴趣。但是，通过上面提到的招聘机构和警方审讯的例子，你知道不要过于专注地盯着对方，这很容易令她感到不舒服。因此，与其不停地盯着你关注的那个人，不如看着说话的人，但是当说话人提出某些观点时，把你的目光转移到你所关注的人的身上。这样的话，就表明了你既对她的反应感兴趣，也给了她空间。

## 一群人聊天时如何加入？

如果你看到一群人在交谈，你想加入谈话但不确定自己是否会打断他们的谈话，你会怎么做？在这种情况下，你应该观察这些人的肢体语言。如果他们直接面对彼此，这就是所谓的封闭群体。站在别人的对面代表着信任和亲密。如果他们以这种方式站着，他们的谈话可能是很私密或严肃的交谈，不想被打扰。相反，如果他们没有直接站在别人的正对面，他们的谈话可能是较为开放的谈话，并不会介意更多的人加入。

但在现实中很难看出某人实际面对的是哪个方向，因为大家可能很快改变自己注视的方向。如果你无法确定，可以看看他们的脸、身体和脚的位置。通常情况下，你会注意到两个人的脸朝向对方，但是他们的身体和脚都转向外侧。身体越向外侧，这个群体就越开放。

对于谈话人数更多的群体，你也可以看看他们实际的站位。他们是站成一个封闭的圈子，还是站成 U 型或是一个开放的 C 型？如果有一个明显的缺口，那个地方就是留给你或任何想要加入对话的人的。每个人都后背朝外的封闭群体几乎没人能闯入，我也不建议你去尝试加入，除非真的必须这样做。不管怎样，这些人不会乐意有人加入的。①

如果你正在和某人说话，她的脚（也可能是上半身）离你越来越远，而且她没有什么明确的理由要这样做（例如，她坐的椅子就是这样设计的），这就意味着她正准备结束谈话。在事情变得尴尬之前，别等她这样做你就可以提前结束谈话。如果你没有达到谈话的目的，可以约定再见面的时间，然后结束这次谈话。

如果这些人的聊天你没法打断，可能是因为你需要先和他们达成某种默契，这时应该认识到对方可能不像以前那样乐于接受你的信息，她可能开始考虑其他事情了。

你的观点要清晰、简短。你还可以通过说出下面的话来引起

① 有时，你会处于一个对其他人开放的群体中，但受外部环境影响，这个群体已经处于封闭状态。这可能是由于家具的摆放位置，或者有人需要挪动位置才能让别人通过。如果发生这种情况，你可以在你旁边让出一条路，从而更好地接近这个群体。在不需要这样做的时候，也没必要把它变成一个会员俱乐部。

对方的思考，从而使谈话继续，比如："我们差不多谈完了，但是首先，我想确保我们对此有着相同的理解。""我知道你还有其他事情要做，但我们需要先达成协议。希望这不会占用太长时间。"

## 提升自己的存在感

假设你已经在一个群体中找到了自己的位置，或者通过与他人建立联系形成了自己的群体。下一步是让与你见面的人感觉良好，你可以通过在聊天中的存在感做到这一点。你总是想要证明自己参与了对话，而且很可能对如何做到这点有了很好的想法。如果我让你以坐着或站着的方式表明自己对谈话感兴趣且头脑清醒，那么你可能知道如何表现。如果我让你表现出对谈话缺乏兴趣，你也很清楚该如何去做。问题不在于你是否知道这些信号，而在于你忘了使用它们。所以，让我们把注意力放在存在感上，你会更了解它是如何实现的。希望这也能增加你使用它的动力。

增加存在感的第一步是采用正确的站位。你与谈话对象之间的距离表明了你对谈话的参与程度。精神病学家 C.L. 拉森通过采访与自己坐在不同距离的人来研究这个问题。

拉森采取了非常谨慎的方法。起初他坐在大概 10 英尺[①]远的地方；然后，缩短至不到 7 英尺。在最后的测试中，他又近了一些，

① 1 英尺 =30.48 厘米。——编者注

离他采访的人只有 3 英尺远。在所有的采访中，他通过观察受访者的行为并向他们询问一些问题来判断他们的焦虑程度。想必你已经猜到，拉森发现自己离受访者越近，他们会变得越紧张。“个人空间”的平均直径大约是 3 英尺，至少在西方文化中是这样。如果他人与我们将距离保持在 75~100 厘米，我们会很舒服。如果他们离得再近一些，我们就会感到不舒服，至少对我们不太了解的人会这样。然而，如果一个人离得太远，就会影响交流。

拉森的研究让人们感到不舒服，侵犯受访者个人空间的原因很可能是采访的内容既私密又敏感。似乎我们越是被要求在不了解的人面前表露自己的心意，我们和他们之间的距离就会越远。

表现自己存在感的第二步是考量你与谈话的人的角度。在比较肤浅的谈话中，我们喜欢与对方呈 60 度到 90 度角站立。这种站位使我们在纯粹的身体意义上感到安全。如果有人攻击我们，我们只是在侧面露出一个非常小的攻击目标。但这也表明，我们对谈话不感兴趣或是没有投入太多的情感。在某些场合，这是完全可行的，比如我们在讨论是英国版还是美国版的电视剧《全能侦探社》哪个更好的时候。在某些情况下我们必须采用这样的角度（甚至彼此相邻，肩并肩）。原因很简单，我们需要将注意力集中在我们面前的事物上，例如我们正在一起解决的问题，或正在研究的拉斯韦加斯赌场保险库的图纸。

如果你想让某人感到你在谈话中的存在感，你就必须向正在交谈的人证明他们占据着你的全部注意力。这意味着你应该直接面朝她。你的右肩应该对着她的左肩。这不仅表明她占据了你的关注，也显示了你对谈话的坦诚（假设你没有用咖啡杯来挡住自己的脸，或者抓着一个抱枕放在膝盖上）。最后，这个位置也给你一种亲密感，因为你们把自己身体最脆弱的前面暴露给彼此。如果你不太了解另一个人，就可以增加你们之间的距离，这样做可以显得足够亲密，以避免事情变得尴尬。

你所处的环境不太可能是为双方都在场的对话而设计的。在你家的客厅里，沙发和椅子可能朝向同一个方向——它们很可能会面对墙上的电视，只要你足够老派还有一台电视。在厨房谈话时，你们会被餐桌隔开。在员工休息室里，椅子的位置各不相同。

但是从来没有人说过事情必须是这样的。如果你能让自己处于一个更好的位置，当然可以挪动家具。当我发现谈话的环境不太理想时，我就会这样做。当我开始拖动椅子或者移动桌子时，经常有人问我在做什么。我通常会回答“我觉得桌子挡了路”之类的话。接下来，对方会看着我，似乎觉得我有点疯狂或者患有严重的强迫症。但后来，当我们坐下来谈话的时候，结果总是很明显。他们通常会惊讶地脱口而出，证实这样做的效果：“这样真的好很多！”

只要移动一把椅子或一张桌子，你就可以改变谈话开始的方式。然后，你不仅可以确保每个人都能全身心投入，也会证明这对你有多重要。这样事情会变得不同。

环境影响交谈的另一种特殊情况就是当你和别人喝咖啡、吃午餐或晚餐的时候。据说，在人与人之间的信息传递中，有 70% 是通过食物或饮料传播的。因此，充分考虑这种情况是有意义的。当你在这种情况下遇到某人时，便会面临一个很大的障碍：放在你们之间的桌子，它是你们之间沟通的障碍。如果能避免的话，尽量不要相对而坐或者坐在桌子的不同侧。如果桌子是圆的，尽量和对方坐在接近 90 度角的地方。如果桌子很大，只要不觉得奇怪，你可以尝试和对方坐在同一侧。如果你要吃食物，坐在一起可能不会起作用，可如果只是喝咖啡应该没问题，只要能够拉近一些彼此的距离（因为坐在同一侧会感觉更亲密），然后侧面面对另一个人。这一切都归结为有勇气。因为坐在别人旁边而不是对面，我不知道看到过多少人困惑的表情。但是，这种做法往往会令对话更有趣，也更私密。

尤其当你们相对而坐时，桌子上的物体，如盘子、水杯和其他东西会成为你的进行非语言沟通的障碍。因此，你应该养成一种习惯，一旦用完这些东西就把它们移开。把盘子或杯子推到一边，以确保你们之间的空间是开放的，并表明这是你想要的那种沟通。这个动作非常清晰，你可以确保对方会一直跟随你的引导进行谈话。

如果你很难让手保持不动，可以使用这个技巧：把拇指放在食指和中指上，把手放在身体两侧。这不仅可以避免不必要的动作，也很舒服。

保持强大的存在感的第三步是避免有让人分心的动作和手势。好的倾听者会与她关注的说话者保持一致。这表明她对此感兴趣，并证明她认为说话者说的是重要的。

糟糕的倾听者会因为与另一个人无关的刺激而转移注意力。他们很容易分心，通过摆弄钢笔、摆弄钥匙、弄响指关节、变化位置、交叉双腿、晃腿或者玩手机都表现出心不在焉。当你和别人说话时，如果这个你正要表达永恒爱意的人在向那些街上走过的人打招呼、开始做饭、读一本书或者看电视，便会分散你的注意力。所以不要这样做。当一段对话对你真的很重要时，忍住鼻子痒、耳鸣，保持脚静止不动，不要坐立不安，不要局促难安。最重要的是：手要远离脸部。朝向或靠近脸的手势会让说话者觉得你不相信她，无论你是不是这个意思。

如果你需要消除周围环境的干扰以便集中注意力，我建议你这样做。就我个人而言，我不能忽视电视屏幕。并不是说我想在有人跟我说话的时候看电视。但是，如果房间里有一台电视，我的注意力就会集中到明亮闪烁的物体上。当我和朋友刚搬进现在房子的时候，这种行为就给我带来了麻烦，因为她喜欢在做其他事情的时候开着电视。我不知道多少次在她想和我谈论一些重要的事情时，我却并不知道她在说什么，因为电视开着，就在房间的一角。我意识到这是一个问题，但我也无法改变我的行为，因为我的大脑无法同时处理两组一起出现的视听刺激。所以现在，我问她："你介意在咱们说话的时候关掉电视吗？或者一会儿再和你讨论这个问题？"我宁愿一会儿再专注地交谈，也不愿现在让我们俩都感到不快。

## 用肢体语言说服他人

当你想要别人认真对待你，你的肢体语言应该与你所说的意思一致，表明你没有犹豫，希望自己的需求得到满足，而且你尊重和自己交谈的人。这真的很简单。想象一下，有人站在离你 2 英尺远的地方，用尖锐、高亢的声音尖叫，用食指指着你并且转动着眼睛。再想象一个人站在离你 3 英尺远的地方，稳稳地站好，平静地说着话并且身体稍稍向你倾斜。你更倾向于认真对待哪个人?

想要肢体语言具有说服力，需要从面对对方进行交谈开始，同时要保持适当的距离，就像你刚刚学会的那样。把后背挺直，不要驼背，身体向前倾斜一些，抬起下巴，这样你就不会低头看桌子。保持目光交流，即使坐着也要双脚踩在地板上。不要交叉腿或手臂，确保说话底气十足。

后者比许多人意识到的更为重要。当肺部没有足够的空气时，胸部便会收缩，让你看起来显得不那么自信。此外，空气不足会导致血液缺氧，这意味着能量会变得更少。如果你长时间缺氧，就会引起焦虑，这与你想要表达的恰好相反。此外，你是否尝试过在肺里没有足够空气的情况下说话? 你的话听起来令人信服吗? 你不这样认为吧。

正确的动作不仅会向与你对话的人发出正确的信号，也会给你自己发出正确的信号。在站立或坐着的时候使用以上技巧，你可以控制自己体内的肾上腺素和皮质醇水平（也就是压力荷尔蒙），这会让你不那么焦虑，还会令你更具说服力。

记得要时不时地点头。点头在沟通中起到一个很小却很重要的作用。点头表示你已经理解了对方的话，你正在听，或者鼓励说话者继续。如果你从不点头，别人会怀疑你不赞成，不理解或不关心他们的话。

你可以想象自己的胸前系着一根绳子，一直向上拉着你的头皮，以此来保持良好的姿势。

这会让你做出抬头挺胸这个让人感到力量和自信的姿势。这样的姿势会令你有这种感觉并这样做，因为你刚刚提高了体内的睾丸素水平。

我们经常忘记点头，这会对说话者想要透露多少信息以及对谁说造成一定的影响。养成经常轻微、缓慢点头的习惯，并且在聆听时经常这样做。你会发现它会鼓励对方继续说下去，甚至让说话人说出比原来打算要说的话还要多的信息，因为你看起来是一个很好的倾听者。

时不时点头的另一个用途是在提出问题或做公开声明且希望得到他人认同的时候。如果你说“我们可以做到，对吧？”时，不易察觉地轻轻点头，会比不点头更容易达到目的（相反，摇头实际上也会对此有所影响）。而且，如果你能说服对方，让她也能点头，就能让她说服自己。一项研究表明，那些被要求机械点头的人比没有点头的人更容易相信被告知的事情，无论信息内容如何，无论他们为什么点头。所以，当你想要说服人们的时候，一定要在背景中播放一些快节奏音乐，让他们一起点头！

你的非语言表达必须在每个细节上与你传递的信息相匹配。正如本书的其他内容一样，这应该是显而易见的。可事实并非如此。我敢肯定，有些时候，会有人向你挥舞手臂并尖叫道：“嘿，冷静下来！”可这并不能让你平静下来，不是吗？当人们解释他们对与自己谈话的人所做的事有多生气时，经常会紧张地微笑或大笑。其结果是一个混合的信号，肢体语言与话语相矛盾。如果你想让别人平静下来，必须使自己先冷静下来。不幸的是，很多人甚至都没有意识到他们生气的时候会微笑这个事实，因为微笑是一种掩饰难过情绪的条件反射。

但是你更愿意和谁约会呢？是和皱眉低头，双臂交叉在胸前，平静而严肃地跟你说下面的话的姑娘："我计划外出游玩。如果你周六有空，能否和我一起去斯德哥尔摩游戏博物馆？"还是那个看着你的眼睛，轻轻拉着你的胳膊，用更轻快更悦耳的声音说着同样话语的姑娘？

某些动作也会削弱你的自信。如果你使用移情手势（不应该和真正的共情混淆），比如在别人说话的时候，用拍打脑门、喘气或者用手捂住嘴等动作来回应。这样的做法会转移注意力，让人忽视你的真实看法。夸张的动作也能起到这样的作用，比如对别人挥舞拳头或竖中指。

然而，一个被正确的姿势肯定的说法可以更有效地传达信息。我自己找到与信息一致的肢体语言而不过于武断的技巧就是想象自己正在与一个听不清我说话或完全不理解我语言的人交流。这意味着，我必须像说话那样，清楚地表现动作和面部表情。这一经验让我省去了决定使用哪个手势的麻烦，这些手势伴随着语言自然而然就做出来了。

无论你怎么字斟句酌，决定别人对你的话的重视程度的都是你的语气、面部表情、肢体语言和眼神交流等非语言方式。心理学家梅尔·西尔伯曼编写了一份清单，你可以用它来检验自己的非语言行为是否需要纠正。

**攻击性的表现**

- 音调 ⟹
  - 比平时高
  - 语速快
  - 郑重其事的表态
- 面部 ⟹
  - 凝视
  - 紧张（气愤）
  - 面无表情，板着脸
- 动作 ⟹
  - 两手紧握
  - 指指点点
  - 僵硬的动作

**信心十足的表现**

- 音调 ⟹
  - 音量适中
  - 语言流畅、平静
  - 提出观点
- 面部 ⟹
  - 开放、直接的目光交流
  - 轻松、友善
  - 投入
- 动作 ⟹
  - 手掌摊开
  - 放在身体两侧
  - 放松

**局促不安的表现**

- 音调 ⟹
  - 过于温和
  - 屡有停顿
  - 提出问题
- 面部 ⟹
  - 短暂的目光交流
  - 紧张（害怕）
  - 恳求的神情
- 动作 ⟹
  - 坐立不安，搓手
  - 手背后或放在口袋里
  - 转换重心

## 适当的身体接触如此重要

接下来，我们将讨论身体语言沟通中我最喜欢的部分。我最喜欢这部分的主要原因有两个。首先，到目前为止这些动作很是低调，以至没有人会注意到你在做什么，同时仍然会得出清楚有力的结果。其次，正确使用时，它总是能传播快乐，也会让你获得相当好的体验。

我说的秘密就是触碰别人。

通过身体接触来给予安慰并不是人类独有的，这种行为存在于所有的哺乳动物中。这可以追溯到母亲是如何照顾孩子的，比如怀抱、哺育和爱抚他们。早在 20 世纪 50 年代，心理学家哈里·哈洛就指出，触摸的需求深植于我们所有人心中。他注意到那些没人照看的婴儿会从毯子、枕头和毛绒玩具中寻求安慰。然而，当哈洛把毛绒玩具换成积木块时，婴儿拒绝了。出现这种情况的原因之一可能是婴儿只喜欢布料，但更合理的解释，正如哈洛所说，就是这些布料是母亲触摸的替代品。从本质上说，当周围没有任何柔软的人类依偎时，婴儿会在柔软的织物中找到安慰。

我们一生都有这种需要。我们在需要的时候通过触摸的方式来寻找和给予安慰或支持。我们在葬礼或最好的朋友和女友分手时拥抱他们。当你把手放在别人的肩膀上时，是想给予他支持，当你用双手与他人握手时，会表现出格外的温暖。身体接触在我们的日常沟通中起着很大的作用。

当我们触摸某人时，意味着我们喜欢这个人。有趣的是，接受者不仅在无意识中接收这些信号——也在无意识中做出反应。由于我们将触摸与亲密感和安全感联系在一起，触摸会降低我们体内压力荷尔蒙的水平。而这反过来又会让我们更容易被触摸我们的人吸引，哪怕只是短暂的片刻。触摸让我们更愿意与他人建立亲密的关系。

实际上，我们喜欢触碰自己的人。①

你可以通过触摸来激发他人的积极情绪。没必要非等到那个你认为能接受这个行为的人出现。只要你用正确的方式，就可以去触摸任何人，因为他们永远不会知道发生了什么。我们可以通过很多方法去触摸别人，既不会打扰别人，也不会显得过于亲密，如果你知道怎样短暂地触碰他人的后背、肩膀、手肘，甚至前臂，而不

---

① 这就是为什么服务员往往会在买单时碰你的原因，一个被（恰当地）称为“点石成金”的实验表明：如果服务员拿着账单轻轻地触碰人们的手臂，便会得到比不这样做更多的小费。

会引起人们的注意。技巧在于不要刻意关注触碰。当你触碰别人时，不要看你触碰的部位。当你抚摸别人时，不要看对方的眼睛，这会令人相当紧张。（当然，如果这是你的目的，就盯着看吧！）当她的注意力被其他事情吸引时，比如她在笑，或者你的另一只手指向你想让她看到的东西时，你可以触摸对方。

让我给你分享一个简短的故事，让你了解引起人们的注意是多不容易。一两年前，我接受了一个电视节目的采访，内容为如何使用肢体语言让别人觉得你很有魅力。在这次简短的采访中，我谈到了很多触摸的好处。在此过程中，我尽可能多地触摸女主持人。有理由认为我所做的事情对她来说应该是非常明显的——我们讨论的主题是调情。我一边解释如何使用触摸同时自己也在这样做。但我猜这不会表现得太明显。在采访的最后几秒钟，我问她我们之间的气氛如何，主持人认为与我交谈得很开心。然后，我问她在采访中我碰过她多少次。 她肯定我根本没碰过她。但实际上，我触摸过她七次。节目的制作团队向她回放镜头后她才相信我的话。

现在，我要澄清一下：我并不是真的在和她调情。我不是掌握了不易察觉地触摸这种艺术的忍者，也没有使用某种技巧将她的注意力从我的动作上转移开。我所做的只是令她的大脑全神贯注于处理我们的谈话。当人们在思考时，头脑中有关快速触碰的印象会稍纵即逝。然而，这些动作在不经意间就对双方的关系产生了影响（电视观众可以清楚地看到）。

在那次采访中，我可能就是因为幸运，但我的论断得到了科学的支持。在一个有趣的实验中，受试者需在五分钟内讨论道德问题。

一半的受试者只参加了一次谈话；另一半受试者在谈话中被轻微地触摸，一次在肩膀上，还有两次在肘部。因为受试者正在思考道德难题，他们没有注意到这些触摸。但是，受试者在事后评论他们的谈话对象时，两组之间的差异十分明显。那些被触摸过的人更易对采访者产生亲密的感觉。他们也对实验的领导者感到更亲切、更开放、更信任，也更放松。他们只是不知道为什么。

每当你选择不与某人会面时，你就会错过这一切。

有时候，很难说你是应该拥抱别人，还是应该和他们握手。

在西方，主要的城市中心，拥抱是一种更常见的问候方式。虽然有些人生来就愿意与他人拥抱，但也有些人觉得比握手更亲密的动作显得太有侵略性。

有两种很好的技巧可以令你总是给别人想要的问候，而不会出现任何意外。

**让他们选择**——当你走向即将见面的人时，在握到手之前，做下面的事情：伸出你的右手，好像要去握手，却比平时低一到两英寸[①]。同时，向右稍做旋转露出手掌。这是一种矛盾的姿态，因此对方可以理解为你想握手或者拥抱。暂停片刻，看看对方是如何向你打招呼的。如果她向前走，伸出两只手，双臂在身体两侧，她就会把你的动作理解为拥抱的邀请。此时，你也应该向前走，拥抱对方。相反，如果她的右肩向前，这就意味着她想要和你

---

① 1 英寸 =2.54 厘米。——编者注

握手。此时，把手抬高一到两英寸，伸向她。不管是拥抱还是握手，对方都会认为你使用的是他们喜欢的问候方式，不会有别的想法。

**两种方法并用**——这一技巧最初是由沟通方面的教练罗伯特·巴达尔设计出的：伸出你的右手，好像要与对方握手，同时把你的左手放在这个人的右肩上。向前走一步。当她看到你的手伸向她的肩膀时，想要拥抱的人往往不会握手而是给你一个拥抱。如果这种情况没有发生，你只需要继续和她握手，你放在她肩膀上的手只会让握手显得更亲切。

然而，根据我的经验，如果你不及时把左手拿开，对方往往会给你一个拥抱，这个拥抱被《时代周刊》称为“嘻哈拥抱”。对于那些想要展示自己男子气概的人来说，这是一个伟大的举动，但是很难达成其他的目的。

## 如何察觉他人意图？

当你解读另一个人的肢体语言时，需要观察几个说明同一个信息的信号才能做出明确的解释。保罗·艾克曼是一位非语言沟通领域的传奇人物，他撰写了一篇关于找到这些详细信号重要性的文章。

在你能够很好地区分别人行为的细节之前，如果以平常方式来思考，比如兴奋和放松，可能会让事情变得更容易。

对你的陪伴感到舒服的人看起来会很放松：她会舒适地站着或

坐着，不会焦虑地坐立难安，声音听起来也很平静。她还会缩小与你之间的距离，比如走近你、转向你，或者向你坐的地方探身。

一个感到不自在的人会显得紧张和充满压力：来回踱步，揉搓脸部，说话声音紧张。她还会通过向后倾斜、转身离开或走开的方式离你远一些。

由于大脑将紧张和放松与前面描述的行为联系在一起，你应该避免让他人做出错误的行为。如果你让某人坐在带扶手且只能向后靠的椅子上，这会让她在精神上与你拉开距离。她的大脑将自己的肢体语言理解为被疏远，从而相应地调整她的思想。最好是避免使用那种家具。就像我以前写到过的：有时候，为了达到你想要的目的，必须改变环境。

找到一组揭示同一信息的行为的好处之一就是，如果你错过了其中一个信号也无关紧要。你或许会错过一些信息，但只要你保持敏锐，还是能够掌握重点的。人们闭上眼睛，交叉双臂，保持沉默可能有很多原因。她可能采取了防御姿态，因为她不喜欢你说的话；或者她只是在认真思考，或者她想在寒冷中保持温暖。你不能只是通过观察手臂的姿势来判断其中的原因。然而，如果你也看到她眉毛下垂，收紧下巴，耸起肩膀（房间里不冷），你可能会得出这样的结论：第一种解释是正确的。心理学家梅尔·希尔伯曼做了一个参考清单供你快速查找这些信息，以便了解别人的情绪。

你会注意到，这些信号包括有意识的信号（敲手指）以及无意识的信号（清喉咙），还有我们无法控制的自发信号（如脸红）。我们的肢体语言发出这样的信号：

**焦虑**

- 搓手
- 重心从一只脚转移到另一只脚
- 提高音调
- 清喉咙
- 坐立不安

**缺乏兴趣**

- 眼神空洞
- 用铅笔涂鸦（很多人在听别人说话的时候也会这样做，这就是为什么你需要认证其他信号）
- 四处张望
- 语调单一
- 跺脚
- 敲手指

**投入**

- 身体前倾
- 手掌摊开
- 跟着讲话者移动
- 目光交流
- 不交叉双腿
- 微笑

**生气**

- 不耐烦的语气
- 高音量
- 指指点点
- 愤怒直视
- 交叉双臂或双腿
- 眉头紧锁

**体贴**

- 抚摸下巴
- 点头
- 手放在嘴唇上
- 眼睛向上看
- 耳朵转向听众

**遮遮掩掩**

- 触摸鼻子和脸
- 眼睛看向一侧
- 眯眼
- 手捂住嘴
- 嘴角微笑
- 沉默寡言
- 说话含糊

阿里克斯·彭特兰在非语言沟通中发现了他所说的“诚实信号”。这些都是自发产生的，也是揭示我们与他人之间关系的可靠信号。仅仅通过观察这些信号，彭特兰就能够预测从约会到工资谈判的结果。他所说的“诚实信号”如下：

影响力——某人使他人接受其说话方式的程度。如果你可以让别人适应你的说话方式、语气、节奏和停顿，这表明他们愿意接受你的建议。对别人有影响力的人通常语速较快，并且更善于使用语调。

模仿——我们采用他人的肢体语言的程度。模仿某人的肢体语言可以创造共情心和联系感。彭特兰发现，在给投资方的商业演示中，模仿投资方的动作，也就是通过让演示者模仿观众的肢体语言，可以使投资者的投资增加 20%~30%。

动作——手势和动作的增加表明了听话人对谈话的兴趣和参与程度。这一点在兴奋的孩子的行为中是显而易见的，他们真的兴奋得停不下来。然而，成年人对新朋友的兴趣加深，就会增加他们动作的次数和强度。

一致性——指某人说话和动作的间断和不均匀（或缺乏）的程度。一个人始终坚持关注的表现体现了精神上的专注和可信度，但同时也展现了不屈不挠的意志。这是一件好事，但并不总是如此。当你还没有对某件事形成明确的看法，你的头脑中有太多的想法就会导致你的不稳定行为。在某些情况下，这表明你愿意接受别人的影响是一件好事，例如你在听取客户的意见。

> 如果你不能从别人的非语言行为中得出任何结论，可以告诉他们你所看到的，并让对方解释这些行为的意思。这样做没有什么不礼貌。你所做的就是证明理解对方的话对你来说是多么的重要：
>
> “你经常会在我问你问题的时候打哈欠，你注意到了吗？你知道你为什么这么做吗？”
>
> “我注意到，每当我们讨论这个问题的时候，你就开始敲手指，你为什么会这样做呢？”

然而，你需要在提问时注意措辞，因为你可能是在问她自己也没有意识到的行为。你最不想做的就是让她有防备心理。提问的时候诚实、真诚，但不做评判。

到目前为止，我们一直在研究非语言行为，你和他人的非语言行为以及你们互动的方式。然而，我们还有一件事要做：你内心对别人的非语言沟通是什么感觉。再读一遍这句话。你如何感觉到别人的非语言沟通以及内心的感受？听起来有点深奥，但这是有严格的科学依据的。

## 你的身体能感受到他人的情感

你在做一个动作时，你大脑中与这个行为相关的某些部分会被激活。当你看到别人在做同样的动作时，你大脑的同一部位也会被激活，虽然你没有做这个动作。有时，这甚至会引导你去主动模仿别人的行为而不自知。比如你看到别人微笑时，自己也会微笑。有良好移情能力的人往往以这种方式反映他人的行为。

然而，无论你是否真的照做了对方的行为，你大脑的相关部位都会被激活，这对了解其他人至关重要。威斯康星大学的塞巴斯蒂安·科博发现了一种判断微笑是不是真心的方法。这不是通过观察以往我们认为的如微笑者眼睛周围的皱纹数量或者其他类似的因素。真正的微笑会让看到的人也回以微笑。你看到一个真正的微笑时，自己的微笑肌就会被激活，但是对假意的微笑却没有这样的反应。

治疗师埃里克·哈塞尔廷在治疗粗暴的男性时，需要快速判断他遇到的人的情绪状态。他建议在你需要判断某人的想法时（比如，在约会时）做到下面的几点：

深呼吸，使自己放松。想象一下，你正在扫描自己的身体。注意你的脚、小腿、大腿、胃、胸部、手臂、喉咙、颈部和脸部的感觉。这是你的“基线”。继续扫描，直到你记住“基线”的感觉。当你处于读懂其他情绪很重要的情况时，可以深呼吸几下，时不时地运行扫描仪，注意其与你的“基线”的偏差，并注意这些偏差表达的意义。这样，你就会意识到自己的镜像神经元被激活，从而帮你理解他人情绪。也许她拥有的情绪是你没有注意到的，因为你根本不想让她有这种感觉。

使用这种技术最困难之处在于，你必须在谈话期间专注于自己而不是其他人，但哈塞尔廷认为这可以很快完成。

这种类型的大脑活动来自镜像神经元。它们不仅可以激活大脑控制肌肉的部位，还可以激活控制情绪的部位。这意味着共情，也就是理解他人感受的能力，是大脑的生物组成部分。共情不仅仅是在烛光下喝一杯红酒就能激发的某种肤浅的感受，而是一种深植于大脑细胞的机制。当你看到别人正带有一种情绪时，大脑中的镜像神经元就会被激发，并在你身上引起相应的情绪。遗憾的是，这种能力可以受到各种各样情况的影响，但幸运的是，这种能力是可以训练的。在第 6 章，我们将仔细研究如何做到这一点，以及为什么它很重要。就目前而言，这足以让人明白，即使像共情这样看似无形的事情也可以成为非语言沟通的一部分。通过观察别人的行为，你就能了解他们内心所想的事情。

有时候，你甚至没有意识到自己的大脑收到了镜像神经元信号。

乌普萨拉大学的渥尔夫·狄伯格和他的同事向受试者展示了一系列快乐和愤怒的面孔，速度之快以至他们根本没有时间去记住所见到的面部表情。然而，狄伯格注意到受试者的面部肌肉仍然被激活，并且也在模仿这些表情。这意味着你并不知道自己对别人有什么了解。

我们将这些让你在不知道原因的情况下就行动的信息称为直觉。在一篇文章中，利兹大学商学院的杰拉德·霍奇金森教授讲述了一个一级方程式赛车手在比赛中突然猛踩刹车的故事。他在赛道拐角时踩了刹车，自己却不知道如何解释为什么这样做。这样的做法让他避免了在赛道上数车相撞，而他并没有看见前面赛道上的数车相撞。赛车手无法解释为什么自己觉得要停下来，但这种需求突然强过了他想要赢得比赛的欲望。换句话说，这是一个关于直觉的案例，或者在有些人看来可以用“守护天使”或“上帝眷顾你”这样的话语来解释。然而，这种行为的原因远非是超自然的。霍奇金森向赛车手展示了这一事件的录像，让他可以回忆起当时的情景。然后，赛车手意识到在自己加速过转弯时发现，通常会为他欢呼的观众并没有看着他。他们一动不动，盯着一个完全不同的方向。这是线索。他没有时间去仔细思考这一问题，但他下意识地感到事情不对劲。这使他及时停下来，避免了一场严重的事故。

我们可以得出这样的结论，当你遇到别人时，可以更加关注自己遇到他们之后内心的感受来更好地理解他人的情绪。你负责社交功能的大脑部位已经发展到会压抑某些关于其他人的情绪，尤其是消极情绪。但是，如果你不是专注于自己的想法而是关注你内心的感受，就可以避开大脑可能会带来的阻碍。

有时候，你的身体感受是你解读他人想法的最佳工具。

我希望你已经准备好迈出下一步了。你刚刚学习到了和他人进行非语言沟通的宝贵知识，为掌握真正的社交技巧奠定了基础，这种沟通从你进入房间的那一刻就开始了。接下来要做的是与这些人建立联系，并与他们进行有意义的对话。与陌生人交谈是一件会令一些人紧张不安的事情。但是当你使用将在下一章学到的技巧时，你不仅会与任何你喜欢的人展开激动人心的谈话，也会与其他你想要与之对话的人展开激动人心的谈话。

第3章

# 遗失的谈话艺术：靠语言的力量赢得人心

一句微不足道的赞赏却可以意义非凡。

——塞缪尔·约翰逊

## 有意义的谈话至关重要

这是我关于人类行为的第八本书。你们当中或许有些人想知道为什么我花了这么多时间去教别人如何进行最好的沟通。如果我们的大脑已经有很多社交技巧，难道不能自行处理这些问题吗？当涉及共情和有意义的交谈时，只要这种沟通能够满足我们与生存相关的需要就好，谁说我们一定得享受别人的陪伴，或者说要和别人交谈？你不必为了能够购物而和收银员成为永远的好朋友。

或许这是真的。同他人见面时，无论你是否表现出强烈的存在感，都有可能活下来。然而，富有成效的谈话恰好是构成幸福感的一个重要因素。亚利桑那大学的一项研究结果表明：愿意参加讨论如爱、宗教或政治这类严肃话题的时长是不愿意参与这类谈话的人的两倍，而闲聊（如讨论绯闻或天气）的时长只有它们的三分之一。实际上，有意义的对话对你的幸福至关重要。

那么，你要怎么做才能更多地进行创造性及实质性的谈话呢？我们的谈话肤浅且不能吸引别人的原因是我们开始谈话的方式。当我们与别人说话时往往会使用现成的方式："过得如何？很高兴见到你！一切都好吗？"现在，将这些问题用作社交润滑剂是没错的。[①]但是，这样的话往往不足以引出一个吸引人且有意义的对话。

另一个人回答："我很好，谢谢，你过得如何？"在对话开始之前就已经陷入绝境。

一种方法是等待对方先开口，这样就省去了自己的麻烦。问题在于大多数人都是这样想的。他们宁愿对别人的行为做出回应也不愿自己先行动。他们等着别人先目光交流、先说话、先行动。最终每个人都很沮丧，总是问自己："为什么其他人都很难接触？"

为了获得社交的成功，你要有意识地让别人进入你的生活。有两种方法可以做到这一点：和你想要交谈的人进行有意义的对话，邀请你想深入了解的人加入谈话。这或许听起来很简单，但遗憾的是，这种社交意识与我们最怕的几件事相冲突。许多人发现与自己不认识的人交谈是一件极具挑战性的事情。他们会被吓到，并且很乐意把这个任务交给更有信心的人去完成。他们认为这样做是可以的。"无论如何，我并不是一个外向的人。"然而，你变得外向才能对

---

① 你甚至会得到一些意想不到的答案。有一次，我跟一位瑞典政客在地铁上寒暄时说道："嘿，嘿！一切都好吗？"然而，我收到的回答并不是想听到的"很好，谢谢"。相反。他说："并非一切都好，但事情也并非都不顺利。工作方面很好，我们刚刚完成了一个振奋人心的项目，已经建立了一些新的国际关系，我也参与其中。但我和家人经历了一段艰难的时期，我最小的孩子已经病了很长一段时间，这影响了我与家人间的关系。当然，这让你有了一种不受欢迎的内疚和不称职的感觉。"他的回应说明他坚决拒绝闲聊。这也给了我一个很好的教训，从那时起，我便避免用"一切都好吗？"这种普通的问题开始一次谈话。

别人感到好奇，这种想法可能本身就是没法解释的谜题。其他人并没有你想象中那么奇怪，也没有与你有多么不同，这是一个叫卡尔·罗杰斯的智者几十年前提出的看法。

卡尔·罗杰斯是世界上最受尊敬的心理学家之一，他于 1987 年去世。2002 年，他被评为 20 世纪最具影响力的心理学家第二名，第一名是西格蒙德·弗洛伊德。这意味着罗杰斯从卡尔·荣格手中夺得了第二名！罗杰斯说："越是人性的越是普遍的。"

他这句简单的话隐藏了一个并不明显的重要发现。罗杰斯认为，人们之间的差异是非常表面的现象：如在音乐方面的品位、政治关系、喜欢的电视剧或旅游目的地等。对于这些特别的方面，我们是不同的。但是，谈到最私密的事情，比如你离婚后的感受，搬到一个新的城市后有多艰难，或者你想实现的人生目标，这些是我们都能理解和分享的经验，谈论这些话题，就可以拉近我们的距离。

有时，有人说他们与其他人的一个重要区别在于他们很害羞。这或许是真的。也许你害羞，而我不害羞。但这并不是我们的本质区别。每个人都担心别人如何看待自己。每个人都难以面对自己被拒绝的结果。这些时候，害羞的人可能比其他人更加恐惧，但其他人也有这样的恐惧感。

我们很少有勇气谈论真正重要的、可以使我们凝聚在一起的事情，而选择谈论一些肤浅的事情，这难道不奇怪吗？不完全如此。只要不关个人的事，如果别人不同意我们的意见，我们也不会失去什么。如果我们不喜欢相同的电影，也不会是世界末日。但是，正如亚利桑那大学对幸福感的研究表明，我们也不会从中获得太多好处。

不要花太多时间去寻找完美的开场白，无论是在排队购买午餐的时候，还是在音乐会上遇到某个出色的人。别人会对你主动建立联系，而不是对你盯着手机的做法感到震惊。

三个可供选择的介绍性话题：你自己，对方，或你所处的环境。

三种不同的开始谈话的方式：提问题，陈述意见，或提出要求。

就是这样。重要的是你要同别人一起来完成这件事，还要让对话继续下去。此外，根据心理学家弗雷达·S.萨特·埃尔登的说法，我们只听到说话内容的一半，听进心里的只有听到的一半，记在脑中的只有听进的一半。如果她是正确的，那就意味着在一个普通的对话中，你可以对自己说的12.5%的内容抱有期待，其余部分都消失在空气里了。所以，只要你不说那些会引起闲聊的话，就不必担心该在第一句说些什么。无论如何，对方对你的第一印象也不是来自你说的话。对你的印象大多来自其他社交符号，比如你的声音、动作及长相。只要你表现出感同身受、积极的态度且语气充满激情，就会成为别人眼中有趣的人。你就几乎可以想说什么话都可以。

我之所以写“几乎”，是因为有一些例外。例如，说不恰当的话、举止粗鲁或者发牢骚等就不受欢迎。如果你不认识对方，他对你的看法从你们第一次见面时就开始形成。因此，如果你以抱怨的方式开始谈话，在他眼中你就是一个满腹牢骚的人，因为那就是他对你的全部认知。你是否真的精力充沛并不重要，你已经把自己塑造成了别人眼中的“牢骚者”。这并不是你能给人留下的最好的第一印象。

当然，不当或粗鲁的行为也是如此。未来，这会让你在别人眼中看起来像个白痴。

## 如何克服社交恐惧？

现在，既然我们内心深处想法一致，而且建立联系是一件很容易的事情，那么为什么我们当中有那么多人害怕犯错呢？你脑海中那个声音从何而来，它告诉你最微小的错误也会使你永远感到耻辱？这是我们所继承的社会恐惧的一部分，而且会继续下去，因为大脑来不及去适应现代社会。正如本书开头写的，在人类历史的某一时刻，社会认可实际上是一个生死攸关的问题。被排斥、排除在社会群体之外，意味着失去获得食物、取暖和受到庇护的机会。住在洞穴外，天很黑，下着雨，到处都是想吃我们的野生动物。这就使我们脑中产生避免负面评价的想法，因为这种评价多年来都关乎我们的生活。“我们”的大脑指的是现代智人的大脑，这一想法在能人及卢多尔夫智人时代就已经存在。如果你问我，我认为这种生存本能是导致现在绝大部分社会恐惧的原因。当你发现公开演讲令人不快，不敢表达自己的不同意见时，当你在周一的早会上不举手发言时，都是因为你害怕它会威胁到你的生存。从理性上说，你知道事实并非如此。但要向你大脑里已经存在 250 万年的本能做出解释，并非易事。

互动应该是一种获得乐趣和结识新朋友的方式，而不是一种避免错误的练习。幸运的是，你对社交活动的实践和见解，可以解决所有这些问题。见解包括接受在社交活动中每个人都会犯的错误，这非常正常，而且人都会在社交活动中犯错误，有时你甚至都没有注意到。下次你和一群人聊天的时候仔细去听，就会注意到其他人是如何相互打断的：讲一些十分平淡的笑话，说些冗长无聊的逸事或者干脆偏离观点。各种各样的社交错误，正是你害怕会犯的那些错误。但你没有注意到这些错误是因为出现错误时谈话还在继续，好像什么也没发生过一样。有时，事情会变得很尴尬，有人会抱怨特别不妥的双关语，但随后别人就会改变话题，谈话内容也会继续。似乎没有人注意到发生了什么。

向社交恐惧症发起挑战，重置你的大脑！克服恐惧的最好方法就是让自己直面那些令你感到不舒服的事情，以便向大脑证明事情并不是那么糟糕。试着故意犯一些小的社交错误。这样做之前，写下你预测的别人会做出的反应。然后，按计划犯下错误。例如，你可以讲一个自己认为糟糕透顶的笑话。将你实际看到的反应与你写下的预期反应进行对比。重复这种做法，直到你的预期与看到的反应一样为止。这时，你会将大脑重新编程，以更好地适应现实。

## 让聚光灯照亮对方

有趣而有意义的对话该结束就会结束。而且，有些人根本不愿意进行交流。当有人表明他们不想认识你或进一步了解你时，你要注意。同类型的信号也可以表明你已经主导了对话并且令对方感到被排除在外。

你已经学过如何通过人的肢体语言来识别这些信号。

其他迹象如下：

他也开玩笑并提出问题，还是仅给出了简短而冷静的答案？

· 你说话的时候他是不是在看手机？

· 你说话的时候他是不是正在环视房间？

· 你是那个一直说话的人吗？

如果你发现两个及以上的迹象，请尽快结束谈话。你不希望别人把你当作一个只会说话的麻木不仁的人，或者那种只谈论“我和我自己”的以自我为中心的人吧。

或者像我在演讲后遇到的那个女人一样。我刚刚给 400 个人做了一个关于如何理解非语言信息的讲座。演讲结束后主办方安排我享用快捷午餐，我也正有此意。当我收拾东西准备去就餐的时候，两位女士走到我面前问了一些问题，这是我很高兴见到的情况。很快，我们的谈话被她们中年纪稍大的一位打断，她想讨论她的工作环境。而且她一直在说，我们都没能插上一句话。过了一段时间，我意识到已经快到时间了，很快就会有人把午餐收拾干净。因为这个女人没有表现出要停止说话的意思，所以我开始用我能想到的每一个微妙的信号，以非语言的方式结束这次谈话。我把包背到肩上，面向门外，不再与她目光接触，甚至开始与她拉开几步的距离，希望她至少能和我朝同一个方向移动。这样过了几分钟，我觉得我的信号很明显，有点儿让人尴尬甚至显得有点粗鲁，但这并没有起作用。

她太专注于自己的故事，根本无暇顾及其他事情。后来，她的同伴不得不打断她，因为她的同伴很早就明白了我的用意，说她们应该在午餐结束前让我走。具有讽刺意味的是，这位年纪稍长的女士正在讲述人们总是带着问题来找她，因为她非常擅长解读人们的非语言信号，了解别人的需求。

不要像她一样。

相反，当你偶遇某人的时候，想象一下，你俩之间的天花板上垂下一个巨大的聚光灯。你说话的时候，它照在你身上。当另一个人说话的时候，它照在另一个人身上。正如警匪片中的审讯室里安在房顶上的灯一样，这个聚光灯也在来回摆动。你要做的就是每当聚光灯照向你的时候，让它转向另一边照亮对方。我并不是不让你说话，但你应该尽量让聚光灯照亮对方。你让聚光灯照向别人的时间越长，对方就越不会注意到你说的并不多。这看似矛盾，但聚光灯离你越远，另一个人就会认为你越有趣，因为你专注地听着他说的每一件事。

这种想法是正确的，但没必要这么努力。

如果我们更多地与陌生人交谈，就会活得更加精彩。但内容不是关于天气或者昨晚的比赛，而是关乎真正重要的事情：我们的想法、希望和梦想。如果你能让别人敞开心扉，任何人都可以成为一个独特而有魅力的谈话对象。传奇式的记者斯塔德·特克尔就是这门艺术的大师。他使用了一种简单的技巧，就是认真聆听而不打断别人的思路，也就是讲话者说话过程中出现停顿的时候，不会立即用自己的语言填补沉默。就像特克尔说的那样：

“倾听、倾听、倾听、倾听，如果你这样做，人们就会愿意说话，说很多话。为什么？因为之前没有人倾听过他们讲话，甚至连他们都没有倾听过自己的心声。”

斯塔德·特克尔建议人们每周与陌生人进行一次对话，并试着去了解那个人的精神世界。现在，这是他的工作。只要我们稍微降低自己的目标，它就会成为一个很好的工具，你可以每周至少使用一次，甚至每天使用。你周围有很多人在你的生活中起着不同的作用。咖啡师为你提供咖啡，收银员收费，机械师为你的丰田车提供服务，电话另一端的人则会为你提供技术支持。把这些人简单地等同于他们的功用是很容易的。但你知道吗？那个咖啡师并非只是一个会煮咖啡的机器人，他是一个有着自己的梦想、恐惧、缺点和抱负的人，这些都与咖啡豆无关。遗憾的是，他们中的许多人已经习惯了仅仅被视为一种功用，他们也以同样的方式看待你：一个顾客变成了要给她咖啡喝的人。

你可以从这种梦游的状态中唤醒自己，只需要做或说一些事来说明你并非只是把这个人看作达到目的的手段。赞美他的文身或者问他昨晚做了什么有趣的事。对你所观察到的事发表评论，并将焦点暂时转移到他身上。

如果你不喜欢和陌生人聊天，这些情况会让你有机会练习谈话技巧。你的目的不是要建立一种持久的人际关系，而是为了得到你的咖啡，为日常用品付款，或者再次激活你的网络账户。无论你是否进行了简短的交谈，这都会发生。换句话说，与别人建立联系你不会有什么损失。对话中发生的任何事都是一种额外的奖励。

然而，这样简单的举动可以引起有趣的事，而且比你想象的要多！所有这些都是因为你和其他大多数人不同，不打算等待，并踏出了第一步。作家扎格·金克拉说：“如果你出去找朋友，你会发现很难找到。如果你愿意出去做别人的朋友，便会发现朋友无处不在。”

如果你不确定自己是否有什么有趣的事情可谈，可以随时更新当前的时事，思考并形成自己的观点。一个好的方法就是找出一些不是所有人都知道的细节。通过这种方式，你便能在他人已经知道的话题中加入新的内容，并使对话变得有趣。这也会让你看起来非常博学。你对某个话题了解得越多，你就能越好地谈论这个话题。

当你这样准备时，应该意识到一件事。这种技巧实际上并不是要用在对话中的，这是你的应急计划。拥有备用的主题可以令你在谈论其他事情的时候有足够的安全感，这样你就会知道在谈话快要进行不下去时，你可以随时切换到你的应急话题。

两个人相遇，每个人都有不同的经历和态度，可以在彼此了解的过程中创造出意想不到的新事物。当谈话进入最佳状态时，就像是一种冒险。所以，如果你的方式是提前排练好（反）社交模式，你应该试着尽快打破它。正如我们已经指出的，你未来的幸福和其他人的幸福都取决于它。

## 如何赞美他人？

现代心理学的创始人威廉·詹姆斯说，我们都有一种想被人欣赏的需求。如果你满足别人的这种需求，不仅会显得与众不同，也会变得十分受欢迎。称赞别人会让你看起来更有同情心，更善解人意，甚至更有魅力。正如我们所观察到的，我们认为那些关注我们的人既吸引人又聪明，因为我们深信这种人会喜欢我们。与此相反，一项研究发现，不再互相称赞的夫妻发现彼此的吸引力降低了。

然而，对许多人来说，赞美他人是非常困难的。我认为这有四点原因。

第一个原因在于我们只关注自己，没有注意别人做了什么好的事情或者穿了什么漂亮的衣服。当我们注意到的时候，又无法突破自己的心防，没有足够的同情心去了解他们行为背后的努力、想法、付出或勇气。

第二个原因是嫉妒。我们看到有人做了一些令人钦佩的事时会很生气，因为做这些事的不是自己而是他们。许多人得出一个错误的结论：如果他们赞美别人，就会让别人看轻自己。如果你很担心自己不够好，就不希望别人好。具有讽刺意味的是，它起作用的方式正好相反：我们没有像那些无私地抬高他人地位的人那样欣赏别人。

第三个原因是我们需要捍卫自己脆弱的自尊。这使得许多人非常善于恭维对立面，“微妙地挖苦”，在笑话里夹杂挖苦别人的话从而贬低对方。这就像盯着别人的赘肉说：“你的身材看起来很好。”

几年前，在哥德堡的书展上，我就看到两位男性媒体人在精英公园酒店的酒吧里进行了这样一场游戏。规则要求他们轮流以“说笑”的方式彼此诋毁，谁先真正攻击他人就是失败者。他们整晚的游戏如下：

“我发现你穿得比现在的复古装扮还早了 10 年！因为那件夹克从 1993 年起就不流行了，不是吗？”

“的确如此，你的山羊胡子也是一样。不是每个人都想让自己看起来有一张长满毛的脸。”

尽管他们坚持要给对方买啤酒，看着他们互相贬低对方是很痛苦的事，最糟糕的是，我并不是他们唯一的观众。我很难想象酒吧里的其他顾客在看过这番展示之后还会对这两位名人表现得非常尊重。媒体顾问莉尔·朗兹称那些使用这种策略的人是“小猫”，他们“永远不会和大猫（老虎）一起玩”。取笑别人可以让你获得廉价的笑声，但小猫永远不会和老虎一起出去玩。永远不要取笑其他人，否则你将最终为此付出代价。相反，你应该赞美别人。你知道，能做到这一点的人才是真正勇敢而坚强的人。

第四个原因是人们可能不知道以何种实际的方式来表达赞美。如果你知道谁正面临这个问题，这里有一些恭维方式的基本训练。

最常见的赞美方式是直接指出，例如直接地表达你对别人的行为、表现或东西的欣赏。

“我喜欢你的鞋子。”

“你的头发真美！”

但你不应止步于此，赞美得详细点！告诉他们你喜欢他们的鞋子的原因，是因为颜色、设计，还是鞋子让腿看起来很美。这证明你的恭维是真诚的，你真的考虑过，并不是“随口一说”。

很多人也不知道如何接受赞美，你也可以通过再提出一个问题来让事情变得简单。问她在哪儿买的这双鞋，是不是穿了很长时间或者别的问题。如果你想要好好聊聊，最好的办法是问一个开放式的问题（也就是不能简单地回答“是”或“否”的问题）。但除此之外，任何事情都不会起作用。重要的是对方将不再需要临时想出一个合适的答案，并且可以简单地说“谢谢！我……”然后回答你的问题。

你赞美别人时需要说得更具体还有另一个原因。一般来说，赞美是一种评价，就像父母告诉自己的孩子“你们是如此优秀的孩子”一样。已经证实，这会导致焦虑、上瘾和防御行为。自信和自我控制等特征只有在不受外界评价影响的自由状态下才能养成。它们建立在内在动力的基础上。评价性赞扬会对这些品质的培养起反作用。因此，你不应该只告诉别人他们是令人惊讶的、有天赋的和优秀的，也要解释为什么你会看中他们的某个具体行为。我们将借用治疗领域的一个公式：

“当你做 X 时，我感觉到 Y。”

（或者：“我感觉到 Y，当你做 X 的时候。”）

只要你需要提供有意义的赞美，就可以应用此公式：

“你给我做早餐的时候，我感到受宠若惊。”

“你能想起我，让我非常感动。”

一方面，你这样做的时候可以避免“空洞”的恭维；另一方面，你可能在表达总也没能表达清楚的想法。

在对你意义非凡的另一半或亲密的朋友身上练习赞美吧。他们做了好事的时候赞美他们，并解释你这样做的感受。但是要在必要时才能这样做，而且要真诚。如果你不经常赞美别人，你可以在开始赞美的时候含蓄一些。如果你突然开始对每个人都给予过多的赞美，要记着关于赞美的新知识，人们会问你是否感觉良好，或者更可能会问你想从他们那里得到什么。[①]给你身边的人一个机会去适应全新的、爱称赞他人的你。此外，不要一成不变地保持积极的态度。正如你刚才读到的：适时适度地给予表扬。但是如果你需要表达否定的评价，在这种场合就没有必要保持中立，只管去做吧。那些对所有事情都持积极态度的人的赞美没有多少可信度。只有认真给予的赞美才可信。

即使他们当时没有做过任何特别值得称赞的事情，你也可以告诉别人你很欣赏他们。这也是合理的。我们都需要听到有人喜欢自己。告诉你的朋友，对你重要的人或你的孩子，你感谢他们的陪伴、帮助、支持或想法。表达对他人的欣赏可能比告诉他们你爱他们更有力量。

你也可以公开表达自己对伴侣、朋友或同事所取得的成绩的欣赏。尽管你称赞的那个人可能会说“这真的没什么”，但我可以向你保证，这仍然会给他一种温暖的感觉。在公共场合给予的赞美比私下里的赞美更可信、更有价值；从第三方角度给予的赞美更是如

---

① 永远不要为了从别人那里得到什么而称赞别人。

此，也就是说，你和 X 交谈时赞美 Y。当我们发现别人欣赏我们的时候，比得到直接表扬更有力量，因为我们知道这一定是真诚的。当然，现在这是一种不可能有意使用的方法。在他人不在场的情况下赞美他人似乎太具操控性，希望你的谈话对象能把你的赞美传达给第三方。然而，有一种简单的方法可以令事情变得自然、轻松。如果你养成了总是高度评价他人的习惯，并在公共场合突出他们应得的成就，那么你就不必花时间去思考谁将向谁传达什么信息了。它迟早会传到对的人的耳中。此外，你也会得到奖赏，那就是你开始注意到你的同伴的优点。

另一种表达感激的方式是通过行动而不是言语。在生日时给你的朋友打电话，带朋友去电影院看场电影给他们一个惊喜，给别人送花都是为了表示他们对你很重要。如果有人正在经历困难，请带他们去吃自助早午餐。一个简单的行为表明“我关注你，我关心你”，即使是一袋先酸后甜的儿童软糖，也会让对方想要好好对你。关心总是双向的。

你可以在批评自己个性的某个方面时自然地表达出对他人的称赞，比如告诉你叔叔：

“如果我有你这样丰富的经验，我就会知道不要使用两种不同的木材，但我仍然对它的弯曲程度很惊讶。我得从头开始学习。”

或者，告诉你的同事：

“如果我有你这样的身体素质，肯定不会有任何问题，但我在跑完第一圈后就喘不过气来了。”

当你与习惯被忽视的人打交道时，这样的做法格外有效。如果你跟服务员说：“今天对你来说看起来是忙碌的一天！我都没办法完成一半的工作量，我不知道你是怎么做到的！”你不只是与一个新认识的人建立了联系——也可能会得到更好的服务。要记住，你的实际观点可能会在人们突然变得忙碌时被忽略。

提高积极描述的词汇量，以确保你的赞美不会听起来都一样。我认为英语中最被滥用的词就是“好”。这部电影是什么样的？非常好。你觉得这个聚会怎么样？我们玩得很好。在最好的情况下，我们可能会度过一段好时光。

“你的毛衣真好看！”

……

下面是你现在就可以使用的“好”的同义词：

令人惊叹、令人兴奋、舒缓、有趣、精彩、甜美、华丽……

可能很多词汇已经有些过时了，你可以做些修改。你是单身吗？你会告诉你的约会对象他们看起来“很棒”吗？大多数人都喜欢被别人称赞外表，但“你看起来很棒”这种称赞并不能让任何人相信这是走心的称赞。如果加入美丽、优雅、英俊、华丽、容光焕发、势不可当、难以置信或神奇这类词呢？效果一定会好很多。

## 如何接受赞美？

我们不习惯赞美别人，也不习惯接受别人的赞美。现在，在

Instagram 上回复一颗心或大拇指是一回事，但当有人给他们过多关注时，很多人会感到非常不舒服；当别人给予他们关注的时候，他们也不知道该如何回应。我们的日常沟通往往不如我们的赞美那么直接。也就是说，当我们被人赞美的时候，我们还没有学会如何回应。在这种情况下，我们的回应方式常常是假客套“哦，没有什么”，结结巴巴的“哦，好吧”，否认“不是这样的”，不敢相信“这真的是你的想法吗？你确定吗？”，过分感激“哦，哇！谢谢你，谢谢你！我爱你！”，或者夸赞回去“你觉得我的夹克看起来不错吗？你的夹克更好看！”这些选择都不够好。谈话中断了，双方都感觉到气氛变得很尴尬。接受赞美的正确方式可以概括为：称赞赞美。

当你得到赞美时，要相信这是真诚的。这不是一些隐藏的讽刺，恶言中伤或贬低。不要怀疑赞美的诚意。这会适得其反，削弱了你以健康的方式接受赞美的能力。

“称赞赞美”会给你的谈话增添另一个积极的因素，而不是像上面的方式那样让你感到不舒服。这样做不是为了将别人的注意力从你身上移开，而是让别人更关注你。我第一次发现这种技术是多年前在伦敦拜访一位朋友的时候。我们在常春藤俱乐部吃晚饭，前台的女生称赞我的朋友包上印的图案。这位朋友笑得很灿烂，开心地说：“非常感谢！很多人都没有注意到。”很明显，他非常开心听到这种夸奖，也赞扬了她的观察力。这就是“称赞赞美”所需要做的，告诉别人你很高兴他能注意到你并“称赞赞美”。

“好酷的衬衣！”

“哦，谢谢你注意到了！这是我新买的！”

“那个项目做得真好。”

“谢谢你告诉我。我一直感谢你的反馈！”

当你被问到一个与你的工作、家庭或者其他与你的生活相关的问题时，可以使用这一技巧：

“佛罗里达怎么样？”

“我真不敢相信你还记得！太棒了，谢谢你！”

“你现在好些了吗？”

“谢谢你的关心！我好多了，谢谢你。”

还记得用绳悬挂在天花板上的灯泡吧。当别人通过赞美你或给你一个体贴的问候来令你成为焦点时，一定要感谢他们，然后把焦点转移回他们身上。

## 如何找到有趣的话题？

最大的问题在于我们如何找到有趣的话题。如果你选择了错误的话题，就会使谈话陷入尴尬。因此，有些人总是用事先准备好的经过深思熟虑的问题来提问；有些人等待对方先说话；而另一些人则只是在喋喋不休地谈论自己最喜欢的话题，天真地认为别人都和他们一样，觉得铁路模型非常有吸引力。这些方法都不是很好。

如果你想找到一个肯定能让对方感兴趣的话题，就应该让他告诉你那时他最感兴趣的事情。你不用刻意去打听这些信息，如果你认真听了，就肯定能够找到答案。问一个开放式的问题，并注意答案。

即使是一个平常的问题，比如“过得怎么样？”也会得到某些答复：“没什么，这周我放假了。”或者是：“我在为《真人快打》① 锦标赛疯狂训练。”无论他说什么，他说的都是当时他认为最重要的事情。你需要做的就是问一个感兴趣的问题，你们的谈话就可以进行下去了。

“那么，你打算如何度过假期呢？”

“那么，你和其他人一样扮演约翰尼·凯奇，还是扮演其他角色？”

如果你足够幸运的话，有几个话题可供选择：“为《真人快打》锦标赛疯狂训练，以及伊丽莎白是否适应日托班的环境。”你可以从两者当中挑选一个话题。如果你在谈论电子竞技之后谈话不能再进行下去，很容易就可以改变话题：“日托班，哇！我对日托班一无所知……那里教数学吗？”

你可以用这样的开场白让谈话继续。当有人问你自从上次见面以来发生了什么事，不要说“没什么特别的”或者“我一直很忙”。告诉他你所做的具体的一两件事。这不仅会让你的回答更有趣，也会给对方一些谈资。如果你的回答生动且充满有趣的细节描述，这将为接下来的对话定下基调，也会表明这并不是肤浅的闲聊。

如果谈话结束，可能是因为对方不太了解你而不想把时间花在你身上。我们只关心那些让我们有参与感的人。给对方一个具体的答案能帮助他更好地了解你。当我们发现有关某人的详细信息

① 《真人快打》是由 Midway 开发的一款格斗对战类单机游戏。——编者注

时，也让我们有机会了解我们在哪些方面相似，以及可以分享哪些经验。

和一个我们毫不了解的人交谈非常困难。所以，你要引导谈话。你想知道别人的名字吗？那就先告诉他你的名字。你想知道他住在哪里吗？那就先告诉他你住在哪里。如果你想知道他是如何打发业余时间的，那就告诉他你是怎么做的。

当你和另一个人分享私人空间，为同样的事情发笑，或分享一个秘密时，你应该记住此刻以及讨论的内容。把你在以后讨论的内容和你正在讨论的内容结合起来。假设你已经发现另一个人想要辞去工作去做一名艺术家，但他之前没有勇气告诉别人。过了一段时间，也许你们在讨论距上次参加聚会有多长时间了。这时，你就可以说：“所以，你必须答应邀请我参加明年夏天你的展览的开幕式！”

这说明你一直记着他告诉你的事情，并且你是一个比大多数人聪明的谈话对象。而且，如果你在对话快要进行不下去的时候这样做，将会更早从你们对话的最佳状态中得到力量，并在需要的时候用于对话中。

通过这种方式，你不仅可以表明你想要了解的内容，还能表明你希望其他人做出怎样的回应。约束对话的社会规范使他几乎不可能自动遵从你的引领。如果你仍然没有得到答复，那么你就可以告诉他你的名字、生活安排、兴趣，然后问问他的姓名、生活安排和兴趣。

## 消除“谈话枷锁”的方法

如果你因为要与他人交谈而感到非常紧张，想要做好充分的准备，就可以使用以下两种方法中的任意一种。我知道将它们写下来有些怪异，但如果你十分焦虑，那么这些消除“谈话枷锁”的方法是值得一试的。从好的方面来说，这种准备只需要做一次。

### 俄罗斯套娃法

使用这一方法可以令不同谈话主题环环相扣（或者各自独立），每个主题都是你已经准备好的内容。找到这些话题的方法是，想想那些让你感兴趣的事情，越具体越好。假设你想选择作家艾伦·摩尔作为谈话主题。如果你觉得摩尔很有趣，我相信关于他你可以谈论很长时间。接下来，想想摩尔属于哪种更大的类别。例如，“英国漫画书作家”这个话题你也可以谈上一段时间。你还可以将其归为更大的类别，比如“漫画文化”，或者更广泛的范畴“流行文化现象”等。

这将为你提供一个彼此嵌套的俄罗斯套娃式的主题，从核心的特定主题（艾伦·摩尔）到外扩的一般主题（流行文化现象）。如果在对话过程中出现其中一个主题，你可以在这些话题之间自由选择，在具体到广泛的范畴之间讨论。如果漫画文化可谈论的内容正在减少，你可以将这个话题具体化着重讨论英国作家，或总结一般性流行文化。

另一个例子是，我们可以将“挪威电子音乐艺术家优格李斯”

放在核心位置，外层是“电子音乐”，再外面是“适合跳舞的节奏”，最后是最广泛的类别“舞蹈”。如果谈话谈到有强烈节奏感的音乐，你可以将话题扩大到你在某个音乐节的经历，或者缩小话题，问问对方是否听过优格李斯曲调。

## 原子法

这种方法与上一种方法相似。不同之处在于，它不是让主题从具体到一般，而是有与你核心话题相似范畴的主题。让我们继续以艾伦·摩尔为例，与他有关的话题可能是同时代其他著名的英国人。这样，艾伦·摩尔这个话题还可以引出玛格丽特·撒切尔、绿洲乐队和电影《猜火车》。或者，如果你愿意的话，也可以谈论与摩尔的《守望者》同时出版的其他书籍。你做的不是向内或向外的关联，而是横向的关联。采用与上一个例子相同的方式，它们可以顺利地引导你进入下一个话题。

如果这些话题没有出现，你可以自己引出其中的一个话题。因为你有很多的话题可供选择，将其中一个与正在进行的对话联系起来是很容易的。

这些技巧都是基于你的大脑如何将这些话题产生关联的。我之所以这么详细地解释这个问题是因为如果你在社交场合不敢相信自己的大脑，你就应该了解自己如何考虑，并在需要时提前准备一些想法。

然而，你的热情可能会让你开始演讲，但这不是关键。这只是一种辅助工具，你可以在自然对话从一个话题转到另一个话题回不到它开始的地方或谈话难以继续时使用。记住，这与你谈论的事情并没有什么关系。这与你是否提到过尼尔·盖曼也没有什么关系。重要的是你们给彼此的感觉，以及你们正在形成良好的关系。

这就给我们带来了一个与无话可说完全相反的问题：说得太多。你不需要把每个细节都联系起来，让对方明白你的意思。我相信你一定遇到过这样的人，他必须想起外卖点的究竟是什么比萨，然后才能继续讲述他所看到的电影。出现这种现象的原因之一是很多人一边说话一边思考。也许你自己就是这样做的，也许你已经意识到这样做很好。但有时候，这会让你没法关注你真正想说的话。

在你说话之前，可以暂停一到两秒钟思考一下自己要说的话。看看是不是思考后表达会不一样。没有人想跟滔滔不绝的人谈话。如果你描述了太多的背景或者无关的细节，就会失去听众。他们不知道你说的哪一件事重要。最后，他们将别无选择，只能不再听你讲话或者不耐烦地直接要求你"简明扼要"。所以，说话时要简明扼要，如果需要，说完之后你可以问问别人是不是明白了你的意思。

我们说太多话的原因可能是因为想要避免沉默。许多人认为沉默会令人非常不舒服。房间只要安静几秒钟，他们便开始局促不安。所以，他们提出另一个问题或说出毫无意义的话，比如"你懂我的意思……"或"这样的话……"。如果你知道怎样安排时间，沉默就很容易处理，你学过的那些非语言信息这时就派上用场了。沉默的时候，可以做下面的事情：

- 解读对方的肢体语言。
- 使用你的肢体语言让对方知道你会陪伴在他们左右。
- 思考对方刚刚说的话。

· 考虑对方的感受。
· 思考你可以给出的不同回答。
· 权衡你接下来要说的话，使它们更有效。

你认为自己的经历不能成为有趣的话题吗？

你有过这样的经历吗，感觉自己没有什么有趣的事情要聊？你可能有过有趣的经历，但你却没有意识到。你认为平凡的经历对其他人来说可能是非常有趣的。但要知道，如果这些经历跟你有关联，就很容易找到！参加探戈课程，尝试蹦极，做一些志愿者工作或做任何你感兴趣的事情。做一些你通常不会做的事。

这将为你提供许多好的谈话主题，并给你全新的、令人振奋的经历。

## 从谈话中脱颖而出

你的目的不仅仅是让谈话对象对你的问题做出如实回答，还要鼓励他开始自由分享。如果你知道对方感兴趣的事情，你告诉他他不知道的事情时，便会唤起他的好奇心。试着找到对方可能感兴趣的内容，看看自己是否对这个特定主题有所了解。你还可以跟对方分享你的想法、意见和自己感兴趣的话题，让其他人愿意以同样的方式与你分享。邀请他人加入对话的简单方法是说：

“但是，我已经明白这个事情有这几个方面……”

“我确定我没有掌握所有的信息……”

“我想得可能过于简单了……”

“也许这件事没有对错之分……你怎么看？”

现在，我们就可以只讨论安全和“肤浅”的话题，而且还能有一个像样的谈话。当然，你甚至可以让其他人在“肤浅”的谈话中看到你说话很自在，而且你拥有自信、有趣的观点和幽默感。有时，这就够了。

然而，这并不能使你成为一个特别的人，因为其他优秀的演讲者也拥有这些特征。如果你想在人群中脱颖而出，让与你谈话的人记住你，就需要建立个人关系。最简单的方法基于以下方面：特征、动机和情绪。倾听对方说的话并问自己：

什么样的人会这样做？（特征）

他为什么这样做？（动机）

他对此感觉如何？（情绪）

当你根据其中一个方面决定如何回复时，就会给对方一个大大的惊喜，这表明你不仅在倾听也在分析和反思他们说的话！

这并不难做到。假设你的同事刚刚告诉你他在来办公室之前去了健身房。然后，你可以用以下方法来回答：

“做得好！我猜锻炼对你很重要，对吧？”（特征）

“好棒！你总是这么自律吗？”（动机）

“好！我肯定锻炼后开始新的一天感觉很棒，对吗？”（情绪）

通过关注特征、动机和情绪，你可以让私密谈话变得容易参与。

现在，你应该注意，这并不一定意味着你必须经常讨论对方。你谈论自己时，可以用同样的视角来强调你的情绪或者那些激励你的事情。

这也能确保你避免陷入两种常见但令人不愉快的谈话模式。

第一种是审讯式的，你用各种问题密集地向对方提问，而不去进一步展开。

你：“你是做什么的？”

他：“我在金融界工作。”

你：“你从哪儿来？”

他：“最初是黎巴嫩。”

你：“你如何度过自己的空闲时间？”

他：“我会去滑雪。”

在审讯式提问的过程中，你向对方询问事实，就好像你在填写一份报告，这对你们的谈话没有任何贡献。这是一种令人非常不舒服的情况。

下一种对话模式，即以自我为中心的对话模式，这种方式也没有比第一种好多少。用这种模式谈话时，你将一切都与自己联系在一起，相信这会让焦点集中在你身上。

你：“你是做什么的？”

他：“我在金融界工作。”

你：“哦，我以前也在金融行业工作过。我并不十分喜欢这份工作。你从哪里来？”

他：“最初是黎巴嫩。”

你：“哦，我从未去过那里，但我去过以色列。你是如何度过自己的空闲时间的？”

他：“我会去滑雪。”

你：“滑雪！真的吗？我曾经也喜欢滑雪，但我放弃了。”

在以自我为中心的对话模式中，你会使用得到的所有信息作为开场白来谈论自己。我们不介意与这样做的人结束对话，因为他们似乎关心的只是自己的情况，似乎都不知道我们的情况，即便我们刚刚告诉他们。

通过思考特征、动机和情绪，可以深化对话，用私密却不平淡的问题将谈话引向深处：

你：“你是做什么的？”

他：“我在金融界工作。”

你：“哇，你一定很注重细节！”

（特征：这一表达将带来新的回答，使对话继续。之后，你可以继续提问。）

你：“你从哪里来？”

他：“最初是黎巴嫩。”

你：“那里离这儿很远呀。你有没有想念过那儿？”

（情绪：这会引起对方的反应，带来新的对话。当这个话题结束时，你可以继续。）

你：“你如何度过你的空闲时间？”

他说：“我会去滑雪。”

你：“这是可以激励你，让你充满活力的活动吗？”

（动机：这将使对方继续做出回答，并在你继续提问之前可以开始后面的对话。)

得到主观而非客观的回答总是好的，因为主观答案都关乎他人的感受。带来客观回答的问题会令谈话一直处于客套寒暄的阶段。“你在哪儿上学？”会得到客观的回答。“你还是个孩子的时候，你觉得学校怎么样？”会得到一个主观的回答。询问有关对方的经历而不是事实，更容易让对方分享情感和记忆。

如果你能找出对方最感兴趣的事或热情所在，就能找到一个信息金矿。你是否也有相同的爱好并不重要，也许角色扮演或石雕对你来说没有任何意义。然而，你可以想象为什么这对他很重要，以及他在做这件事时的感受。是享受自己制作服装这个创造性的过程，还是石头被工具雕琢的感觉？当你真正去探索别人的兴趣时，你不仅能学会意想不到的东西，也会与对方建立一种独特的联系，因为你更加了解对方了。

在一个良好的对话中，我们需要感觉到交谈对象是理解我们的。

我们希望确定我们在字面和隐喻层面都在说同一种语言。因此，你应该用对方习惯的方式表达自己的想法，使谈话伙伴理解。即使你们都说英语，也可能说的是英语的不同变体。说的是不同的“方言”，这种方言不是地理决定的，而是由教养、职业、文化和交际圈决定的。

如果有人将他们的工作场所称为“办公室”，而你将你的工作场所称为“血汗工厂”，那么你们之间就会出现沟通上的障碍。你也应该说“办公室”。如果对方对汽车感兴趣，将他的汽车称为“我的轮子”，你向他介绍你开的车时，也可以使用“我的轮子”。通常我建议人们不要模仿别人的语言怪癖，但在这种情况下，这样做是有意义的，因为这表明理解和共享是不同的。当然，不要模仿别人的情况就是这种表达方式对你来说太过陌生，所以你使用的时候不够自信。例如，你的“轮子”碰巧是特斯拉。你需要自己判断这样表达是否合适。

此外，不时有点挑衅可能是件好事，但不要被这个词误导。“挑衅”来自拉丁语 provoco，意思是“呼唤”。梅里亚姆·韦伯斯特将其定义为“呼唤（一种感觉或一个动作等）”。还有一个意思就是“激起愤怒”，这意味着挑衅不一定是刻薄或粗鲁的行为。在我们的语境中，这意味着你在挑战另一个人，而不是一直没有分歧。如果你想进行一场有趣的谈话，那么努力去取悦别人会适得其反。你不需要为此提出有争议的意见，但是你知道与其他人意见都一致是多么无聊的一件事。这样的人很快就变得无趣了。为了引起兴趣，在谈话中创造一些紧张感或许会有所帮助。不要误解这个词。紧张和敌意是不一样的。当存在敌意时，有人说一些残酷或不公平的事情，谈话就会被终结。而紧张是由激动、强烈的情感和激情造成的。只有当所有的东西不是明明白白的时候，你才会好奇接下来会发生什么。

这也是一种敢于表达自我的方式。不要通过把你的观点转移到别人身上来隐藏自己的观点。当你想要分享你的情绪或观点时，说清楚这就是你的想法。要说“我”，比如“我认为这是一个糟糕的决定”，而不是：“你不认为这是一个糟糕的决定吗？”

而且，不要用客观陈述，比如用“这是一个糟糕的决定”来掩盖自己的观点。记住，这是你的观点，它是主观的，不是绝对真理。

从你自己的观点出发。不要说：“你明白吗？”而是说：“我说清楚了吗？”

另外，不要使用通用代词“你”（或“一个”）将自己的观点放在一个根本不存在的人身上。我发现自己在这种情况下经常使用“你”。我这样做的时候，会经常停下来对自己说：“好吧，我说的是‘你’，但我的意思是‘我’。”

对方常常用轻轻一笑作为认可。这也让我意识到正确的沟通方式很重要。当你注意到自己说“你”而实际上是指“我”时，也要这样做。

如果你想知道对话处在何种程度，可以通过以下问题来判断：

· 对方是否告诉了我他的情绪？

· 他是否告诉了我一些关于他的重要事情，而我之前并不知道？

· 对方是否告诉了我他热爱的事情？

· 他是否告诉了我一些与他生活相关的事情？

如果这些问题的答案是否定的，那么是时候停下来问问他上个月暴风雪来临时，没有人可以外出，他是怎么度过的。

当另一个人带着情绪说话时，你也要注意。这样的信息有时很容易错过——也许你正在考虑其他事情，或者你没能对此产生共鸣。以下列举一些信号，表明你刚刚收到的信息对另一个人很重要：

· 他们用“啊”开头传达信息。

· 他们告诉你这很重要（好吧，呃！）。

· 他们多次重复自己的核心观点。

· 他们在开始或结束时表达了自己的观点。

· 他们说话的音量比平时更大，或更小。

· 他们说话的语速比平常慢。

在这些情况下，你应该注意听并跟随对方的思路。然而，除非对方特别要求，不要给出建议。你能做的最糟糕的事情便是说：“好吧，如果我是你的话。”

或者说：“我也遇到过这种事情！你要这样做……”

如果你这样说了，那么另一个人很有可能会停止继续和你说话。因为你根本没在听，你需要做的就是向他们表明你理解了，这就可以了。

当你想要表达观点的时候，要尽量避免使用弱化的词语，比如几乎、也许、可能和有点儿。“也许你是对的。”“那汤可能有点太辣了。”当然，某些情况下这种谨慎是非常必要的。但总的来说，它会让你的话变得软弱无力，不会给任何人留下深刻印象。请如实地说：

“我不同意。”

“我很佩服你。”

“我认为这很好。”

## 提问的注意事项

之前，我提到了开放式和封闭式问题。开放式问题以“如何”“为什么”“以何种方式”等词语开头，这会引起更长的解释。封闭式问题以“是”“确实”“谁”“何时”“何处”“哪个”等短语开头。他们可以用一个词来回答，通常是“是”或“否”。[①]人们对封闭式问题的评价相当糟糕，但它们可能很有用。例如，当你需要获取特定的信息时，可以稍后再做进一步的探索。“哦，这是你的狗。”然而，如果你想要用封闭的问题来引出一番对话，最终只会得到一个非常沉闷的回答，而且是充满尴尬的沉默。

我们中有一些人会在欠缺考虑的情况下提出封闭式问题，希望对方能够为我们解答。

当然，即使是封闭的问题，有时也会得到更复杂的回答。但为什么要碰这样的运气呢？大多数封闭式问题通过一些练习都可以变成开放式问题。不要问：“你没事吧？”而是问：“你最近怎么样？”你能听出差异吗？

如果你用开放式问题来鼓励别人分享自己的经历，你就能表现

① 疑问词“what”不在这两个列表中，因为它有点特殊，可以用在开放式和封闭式问题中。

出对他以及他的话很感兴趣的样子。问一些他关心的事情，他的性格、情感、动力、愿望和需求等。

另外，避免问范围太大的问题，例如“你今天过得怎么样？”他们只会给你一般性的回答。为了得到更人性化的回答，你得问得更加具体：“你与老板的会面如何？”

除了开放式和封闭式问题，还有第三种问题。这种引导型的提问方式你应该尽量避免。

“难道你不觉得这有点儿苛刻吗？”

“你打算穿那个吗？”

“你为什么不快点儿做？”

这种问题只会使人产生防御心理。它的目的不是得到解释；它是用来判断、否定、发布命令或未经请求提供建议的。注意以“不”开头的问题：

“你不能……”

“他不会……”

“你不是……”

一次问一个问题。如果你连续问了两个问题，第二个问题将会变为封闭式问题：

“你对这部电影怎么看？你喜欢吗？”

提出一个以上问题并不保险；你不确定自己表达得是否足够清楚，所以额外增加了问题确保对方能够理解。这样做，对方回答第二个封闭式的问题时就破坏了进行良好对话的可能性。

这些问题几乎总是在引导。

另一个你应该避免的是疑问词，我在开放式问题的列表中提到过，就是“为什么”。现在，当你想要知道更多关于某个开放式问题的信息时，“为什么”会是一个有效的词，很可能会令我们得到更多相关的信息。问题是，它也会引起其他问题。我们经常用“为什么”证明他们的行为是正确的：“你为什么不及时完成这项工作？”（这通常是用指责的语气来传达的。）这种用法很常见，听到“为什么”这个词会引发一种防御性反应，这种反应增加了我们的心理障碍，即使它并不是有意为负面的。

另一个问题是以“为什么”提问的问题几乎总是以“因为”来回答。

“你为什么不按时到达？”

“因为我时间不够用了。”

这并没有真正增加信息量。最好用“什么”代替“为什么”。与其问“你为什么没有按时到达？”，不如问“是什么令你未能准时到达这里？”这听起来似乎并没有很大的区别，但对于“为什么”的措辞，会给人一种你把责任归咎于对方的感觉。在以“什么”提问的句子中，你会考虑到外部因素。如果你切换到“什么”句式，说话的人将不需要再采取防御措施，因为他不会觉得自己受到了攻击。你也可能会得到关于“什么”的具体答案，而“为什么”的问题除了概括性的回答外什么也得不到。

提问是强大的工具。有了问题，你们就不会陷入无聊的对话，因为你掌控了谈话的内容。也许这也是没有人喜欢被问太多问题的原因。它会使我们觉得自己受到了审问，或者觉得对方有办法一直谈论他想谈的东西。开放式问题是避免这种情况发生的办法之一，我们大多数人会问很多这种问题。这是一种微妙的平衡。

因为提问的人控制着对话，这使得对话中的两个参与者彼此冲突。被提问的人将无法按照自己的意愿进行对话。事实上，少提问，我们才能成为更好的倾听者。尤其是我们所问的很多问题都是设问或引导性的，也就是我们自己不加掩饰的意见。

一个很好的经验法则是，就你说的关于自己的事情向你的谈话对象提出两个问题。通过这种方式，可以保持一种平衡，这样，与你交谈之人会感到自己受到重视并可以谈论自己喜欢的事情，同时也能避免这个对话变成对他的采访。每个人都认为自己很有趣，你知道为什么吗？因为他们觉得自己是对的！所以，让他们谈论自己，这样你也可以为谈话做出贡献。轮流分享个人信息，关注对方，这样做能够加深你们的关系。现在，“一个答案，两个问题”的规则并不需要你严格遵守。当然，这样做是因为你需要统计对话数据。你可以在考虑你们每个人都说了多少话的时候记住这点。

你可能从来没有注意到这一点，但几乎每次你提出一个问题时都会以升调结束，或是以一种像“唱歌”一样的语调结束，并扬起你的眉毛。（这与你陈述明显的事情时的声音非常相似，这部分内容我们之前在音调修饰部分讨论过。）无论你实际上说了什么，这些非语言信号都表明你期待回应。但是，询问信息实际上会更好。

你可以自己进行简单的测试从而了解差异。作家卡拉·麦克拉伦建议你从一个棘手的问题开始，比如：“你是在暗示我在利用你吗？”大声说出这个问题，先用一种上升的语调，你强调几句话（“你是否暗示我正在利用你？”），当你说“利用”时，尽可能高地抬起你的眉毛。

我猜你觉得这是一个严重的指责。接下来，尝试着用中性的语气提出问题，不要移动前额，并在第二个“你”时稍微降低音调。

你有没有听到这突然为对方留下的回应时间，而非防守继而进行反击？你有没有注意到自己的声音有多自信？降调表示权威。要确认这一点你需要做的就是，听新闻播音员是怎么播报的，并注意他们如何一直以这种语调结束讲话。他们这样做是为了让你确信他们知道自己在谈论什么。有趣的是，2017 年乔纳斯在阿尔马登发表演讲时也使用了这一技巧。当这个技巧用于提问时，会让你听起来更有决心，也更放松。你是在征求别人的意见，而不是要求一个答案，而这就是上升的语调有时起到的作用。

降调可以让对方做出反应的时候不会感到走投无路。这足以将争论转化为基于相互理解的更深层次的对话。

***

现在，你理解他人，使用非语言演说的能力，以及你如何进行个性化和有趣的对话的知识都已到位。然而，在有意义的对话中，你仍然缺少几个重要的社交技巧。你刚刚学会了如何交谈。在下一章，我们将继续学习倾听的艺术。

在许多对话中，都有两个以上的人在场。

无论你与多少人交谈，你都可以使用本章学到的内容。

实际上，每个人都想加入对话，这一点非常重要。通过询问那些没有参与的人的意见，给他们提供参与谈话的机会。他们可能更愿意倾听，听别人的故事就很满足。然而，他们可能也想不顾一切地告诉你他们自己的经历，只是很难找到参加谈话的切入点。或者，他们可能不确定他们的贡献是否会受到欢迎。你可以通过观察表达不耐烦的非语言信号来看看他们是否渴望加入谈话。他们是向前迈出一小步，上半身前倾或者把头向后探，还是调整呼吸，好像准备说些什么？如果是这样，邀请他们加入谈话！如果你对这些谈话人的信息事先有所了解，那么现在是使用它的好时机：

“这让我想起了艾丽萨正在做的事情。你为什么不告诉他们，艾丽萨？”

如果小组加入了一个新成员（当其他人看到你们的谈话很有趣，并且你用肢体语言表现出谈话欢迎别人加入时，往往会发生这种情况），你可以立即邀请其他人加入，说：

“嗨，我们刚刚在说……”

这样，他就不会被困在谈话之外，而是可以等待机会加入谈话。

第4章

# 倾听的艺术：不仅仅是听到

在明火的照耀下，我看见上万人摩肩接踵，甚至更多。
他们默默交流，不需要言语，不必洗耳恭听。

——歌曲《寂静之声》的创作并演唱者
保罗·西蒙和加蓬格尔

简单的事情也有可能被误解。

——小提格

## 理解他人的前提是用心倾听

正常的谈话就是一个人等待他人停止说话，以便自己可以开始说话。我们说话时，往往表达得并不准确，因为我们认为对方已经明白了我们的想法。我们没有意识到，我们一天中[1]说出的大约1.6万个单词中的大部分单词会被人用不同的方式理解好多次。这意味着，你说的话，听者很可能会误解你的

---

① 流传着这样一个“真理”，女人每天比男人使用更多的单词。这一说法最初是由两位非常有影响力的肢体语言文学作家艾伦和芭芭拉·皮斯提出的。他们在2000年出版的一本书中给出的第一个数字是男性每天只使用2 000~4 000字，而女性每天使用6 000~8 000字。几年后，艾伦修改了这个数字，并声称男性每天使用7 000到1万字，但女性说话的数量惊人，达到每天2万到2.4万字。这些数字究竟来自何处尚不清楚，但他们很快就得到了支持。一方面，得到了女性的支持，女性将这一数据看成男人是不爱交际的笨蛋的证据。而另一方面，它也得到了男性的支持，男人认为这解释了为什么他们听女人说话总感觉筋疲力尽。然而，这些数字纯属无稽之谈，这在亚利桑那大学长达八年多的研究中得到了证实。研究表明，虽然年龄和文化等因素确实会影响我们使用单词的数量，但与性别无关。普通人，无论男性还是女性，一天中都会使用大约1.6万字。所以，如果有人告诉你女性比男性说得多已得到“证明”，你就可以和他理论一番。

意思。

如果你想赢得别人的信任，你需要成为一个很好的倾听者。这可能会让你感到震惊，但你必须多听少说。研究表明，人们说的75% 的内容会被忽略、误解或者立刻遗忘。这让我们想起福莱达·S. 萨特 - 埃尔顿曾说过，人们只能记住别人说过的四分之一的内容。这很悲惨，因为人们花费了大部分清醒的时间来获取信息。2003 年，年轻人（18~23 岁）通过会议、电话、电子邮件或短信进行沟通的次数，每周 76 次左右，这已经是一个相当庞大的数字了。这样的情况还是在社交媒体进入我们的生活并改变我们的沟通模式之前。我们从未像现在这样频繁地沟通。鉴于此，我们误解或忘记所说的大部分内容似乎有点儿愚蠢。

那么，是什么让理解变得如此困难？肯定不只是因为他人不善沟通，人们自己的头脑中也存在很多障碍。首先，你考虑自己的时候，会很难专注于别人的话。或者，当你等着说你想起来的非常有智慧的回答时兴奋得跳来跳去，你也无法听到其他人想要告诉你的内容。

不幸的是，这种情况很容易发生，因为我们想的总比说的快。大脑处理单词的速度是讲话速度的四倍。这就意味着，你在听别人讲话的时候还有很多时间去思考其他事情。但通常这些时间都用来做了错误的事情。你感到厌烦，开始思考其他事情，因为你已经知道了她将要说什么。所以，你开始考虑午餐时吃什么，或者明年夏天的旅行是否真的要去。时不时地，你也会听一听，确保她说的话在你的预料之中，你会做出简短的回复，让她知道你仍然在听。但实际上，你只有一小部分精力留在谈话中，其余的早已神游天外了。

当然，当我们给自己的精神放假时，仍可以听到谈话的内容，但这并不是好的倾听，你很有可能无法及时从自己开的小差中回到谈话中来。

你认为你知道别人接下来会说什么还有另一个不好的后果：你会把你认为她的话的意思当成是她所说的话的真正意义，而不考虑它是否真的准确。（这似乎是开启具有煽动性和空虚的在线“辩论”所选择的方法。我经常看到人们在他们的社交媒体中被撕成碎片，因为其他人认为他们说过某些话。）

如果你认为你已经知道别人接下来会说什么，很有可能你就会打断他们的讲话以节省时间。这会让他们感到沮丧，并使他们不再愿意与你共度时光。下次再因为你“已经了解对方要说的话”想去打断别人的讲话时，一定要闭紧自己的嘴巴，努力倾听，你将另有收获。

你所面临的下一个障碍就是专注力。回想一下最近的一次谈话，如果你必须告诉别人上次谈话的内容，你能说清楚吗？你能跟上别人的谈话是因为你时不时地对别人的谈话进行了概括，一定要问问你是否错过了什么。

当然，有些人总是滔滔不绝，停不下嘴。一旦出现这种情况，让其闭嘴也是件很容易的事情。但是，你应该试着去了解他所表达的情绪。问些问题以确定他的主要观点：“好的，但是哪个方面对你来说最重要？”

最后的障碍是你完全不同意对方的观点。你担心表现出理解对方的意见会让她相信你也同意她的观点。但是理解与赞同根本不是一回事儿。

两者完全不同。聆听与理解只意味着你能跟上他人的思想轨迹，你理解她的想法从何而来，尽管你可能并不感兴趣。一旦你了解了对方要说什么，你便无须再认同什么。事实上，如果你根据你对他人意见的理解来激励自己，那么你自己的观点会变得更加强烈。

## 让他人把话说完

如果有人跟你说，“我对这个新账户的运作有点儿担心”，你回答：“没问题，你可以做到。”这说明你并没有真正在倾听。你使用了毫无用处的鼓励来避免处理刚才说话人所表达的情绪问题。倾听意味着你注意到了对方的担心，这时你应该深呼吸，眼神交流，然后问：“是什么让你感到担心？”

在某人说完话后停顿几秒钟，这是判断她是否想继续聊下去的最好方法。一旦你给了她时间思考，她几乎总会有更多的话要说。

正如我们的朋友斯塔德·特克尔在上一章提醒的那样，我们常常会被善意的建议打断谈话。这让人很尴尬，因为只要让我们把话说完，我们就能找到解决问题的办法。如果其他人不断地打断谈话或为我们解决问题，我们就无法真正弄清问题所在。这个过程要求我们有足够的时间去充分地探索和讨论。

在我的舞台秀准备阶段，我聘请了一位顾问来帮助我解决一些创造性的挑战。

他的专业能力很强。当我描述问题时，他总是让我把话都说完，所以我经常自己想出解决的办法。但是，如果我没有时间向他描述问题，我就怀疑自己是否能找到解决问题的办法。后来，他告诉我："为你提供咨询非常容易，我一句话也不需要说！"

确实如此，我下次演出时还会聘请他。

我们在集中精力、打断对方、分心或让对方把话说完等方面存在问题，这并不令人惊讶。长时间保持专注是很困难的。试试听某人讲话五分钟，不打断，不问问题，你会发现这对你的专注力提出了很高的要求。五分钟后，你可以尝试转换角色，这样你就可以畅所欲言了，你的朋友也会听你说，这样你们就可以一起讨论彼此的感受了。

这样做比看起来要困难得多，但对于两个人来说，这是建立理解和共情联系的一种强大的方式。

即使你不中断谈话，对话仍然可能会被外部事件打断。不要分心，这样你就不能认真听对方说话了。如果手机响铃，就把它当作应该静音的信号。铃声响起并不意味着你必须接这个电话。只要打电话的人想与你联系，总会稍后再打或发短信给你。我知道当有人跟你说话时，在图片社交平台上避免分心是一件多么困难的事，但你不应该这么做。当你跟别人说重要的事情时，别人却开始做其他事情，你了解那是一种什么感受。你知道她没有听你说话，尽管她一直假装在听。

把和你说话的人放在重要的位置，也表明你不是一个容易被其他东西分散注意力的小孩子，你是一个成年人，你能认真地对待别人。你的行动表明她比电话更重要，而且你对她全神贯注。没错，这会大大加强你的人际关系。

> 把你与别人的聊天记录保存几天，然后记录你打断别人的频率。你可以在你的裤子左边的口袋里放一些回形针、火柴或类似的东西。每一次你打断了别人，就拿出来一个放到右边的口袋中。这样，你就可以知道你是不是更容易打断某种类型的谈话或某类人。如果确实如此，想想为什么。
>
> 尝试进行一次“高风险对话”，并且一次也不打断别人，看看会发生什么。会有一些提高吗？这会让事情变得更有趣吗？还是你刚刚走神了？
>
> 有时候，打断是必要的，但不必像我们实际上那样频繁。

## 你的角色是做一名专注的倾听者

作为一个倾听者，你的主要任务是在他人讲故事时不要打扰。我们已经讨论过如何提问的重要性，但遗憾的是，那个应该倾听的人经常会问许多问题，从而掌控整个谈话。你应该对不理解的内容，或者想要更深入探索的内容提问。请记住，是认真聆听并时不时提问的人在掌控整个谈话。讲话者是引擎，听者和提问者在控制方向盘，引导对话的走向。

讲话者："我们需要做的是把蓝色的东西插进圆形插槽。"

聆听者："这是个有趣的想法。它将如何使我们更接近最初设定的目标呢？"

讲话者："嗯，然后这就可能……"

在某些对话中，如你们一起解决问题时，这种控制是必要的。但是，在日常对话时，你要注意不必在不需要的时候施加控制，随心所欲地畅谈就好。

当她想要插话，而说话人却听不进去的时候，听者也可以打断谈话。这往往是急切想表达自己意思的时候，她希望分享自己的经历。

"我知道，我也碰到过这样的事，你知道我当时是怎么做的吗？"

"太不可思议了！你知道我认为你应该怎么做吗？我觉得你应该……"

"这听起来像另一件事啊……"

这样做的人并不是没有倾听，她认为自己明白了你说的意思。这并不是一个好主意。永远不要认为别人的经历和你的一样。你们的经历不一样，因为你们是完全不同的两个人。而且，如果你说你知道他们是怎么想的，也就是说你不需要了解他人经历的更多细节，这样你就会错过许多重要信息。最重要的是，说话的人会怀疑你是否真的像你说的那样理解他。当有人遇到问题向你寻求帮助时，你可以做的就是给予支持。支持对方最普通的方法就是这样说：

"如有需要告诉我。"

“我一直在。如有事情我能帮忙，随时联系我。”

这些话本意是好的，但几乎毫无意义。“我一直在”的真正含义是什么，实际代表了什么？你的话不过是给他人造成了其他的问题。现在，她还必须弄清楚她能要求你做什么，不能要求你做什么。直接说出具体的做法更好一些。

不要说：“如果我能帮上忙，告诉我。”

而是说：“你想聊聊这件事吗？”

不要说：“需要什么，告诉我。”

而是说：“我带来了一些食物和糖果，饿了可以吃。”

或者：“出去逛逛，散散心？”

这并不意味着你在淡化或者在解决其他人的问题（绝对不是这样），你只是让她更容易理解你是如何支持她的。想帮助朋友解决问题可能是一种天生的本能，但真的能帮上忙往往会适得其反。如果别人只是想和你聊聊她遇到的问题，而你想帮忙找到问题的解决办法，那么你的帮助可能并不是她想要的支持。

她只是希望有人听她说话，而不是帮她解决问题。[①] 如果你仍然认为需要提出一些建议，请务必先征得她的同意，问问她是不是想听。如果她不愿意，或者她认为你的建议没有用，那就算了吧。哪怕你认为她错了！记住，你并不用为你的朋友负责，他们会为自己负责。问一些问题，给予支持，让他们知道你一直会在他们身边，但是你

① 你不应该判断也不要评价你听到的内容。你可能会说“我同意，她是一个十足的混蛋”来安慰别人，但是研究表明，这并不利于建设性的谈话。

要让他们自己解决问题。

有时当你听别人说话时，你会意识到自己忘记了他们所说的话。

承认这一点还是很尴尬的，因为这看起来好像是你并没有关注别人的谈话。所以，你可以蒙混过关。但更糟糕的是，这样的话，你迟早会被发现。

如果你想要得到别人的信任，那么每次你忘记谈话内容时，都要承认。

你需要做的便是：

“不好意思我没跟上你的节奏，你能重复一下刚刚提到的吗？”

“电围栏之前的谈话我都记得，我需要去下洗手间，你可以重复一下接下来发生的事情吗？”

偶尔，你会在谈话中听到一些表达情绪的词语。当发生这种情况时，最好确认你对情绪的理解是否准确。毕竟，有的情绪并不是你所想的那样，最好的办法是直接提问。

“听起来好像让你不开心了？”

这会给对方一个确认或者解释的机会。

“是的，我确实有点不开心。”

“当然，确切地说不是不开心，是失望。”

不幸的是，我们大多数人描述情绪的词汇都非常有限。而解决这个问题的一种方法就是使用如“一点儿”“相当”“非常”“超级”

这样的副词来评价自己的情绪的程度：有点儿失落，非常焦虑。

但是当你把自己的情绪用文字表达出来时，感觉会好些。这会使听你说话的人感到得到了别人的理解，更愿意继续讲述她的故事。我们将在下一章对情感进行更深入的研究，下面是一个与情绪有关的单词列表。如果你想扩充自己的词汇，可以记住一些。

如果你并不总是完全理解对方说的话也没关系。问一问："你是说你感觉有点……？"省略号代替的是上面列举出的某个词，你选的这个词甚至不需要正确表达对方的感受。重要的是对方能够感受到你想理解她的意思，你给了她一个机会解释她要表达的真正意思。

## 倾听的注意事项

打开任何有关于沟通的书籍，你很快就会看到关于主动倾听、反思性聆听、镜像聆听或警觉性聆听的章节。它们本质相同，只是名称不同，让人很容易感觉这就是掌握沟通技巧的诀窍。

主动倾听的核心思想是，除了观察和敏感，你应该使用释义的方法。其目的是验证你明白了对方的意思，强调可能没有明确表达出来的情绪，并鼓励对方继续说下去。这些目的都可以达到。但这让你听起来像一位身着米色高领毛衣和银色吊坠的古板的治疗师。而你的回答总是遵循这样的模式：

"所以，你感觉'某种情感'是因为'某件事情'（或者其他与这种情感相关的事情）。"

| 情绪 | 强烈 | 中等 | 弱 |
|---|---|---|---|
| 爱 | 崇拜 | 体贴 | 相信 |
| | 心爱 | 令人满意 | 珍惜 |
| | 爱 | 可以接受 | 关心 |
| 快乐 | 欣喜若狂 | 乐观 | 愿意 |
| | 兴高采烈 | 开心 | 好 |
| | 得意扬扬 | 热情 | 满意 |
| | 喜气洋洋 | 激情 | 乐意 |
| 强烈 | 轰轰烈烈 | 有效 | 有能力 |
| | 强有力 | 强壮 | 能胜任 |
| | 强劲 | 稳妥 | 适当 |
| | 激烈 | 合适 | |
| 悲伤 | 绝望 | 忧郁 | 不舒服 |
| | 折磨 | 低落 | 不满 |
| | 沮丧 | 悲伤 | 焦虑 |
| | 郁闷 | | 愁思 |
| 生气 | 狂暴 | 恼怒 | 生气 |
| | 暴怒 | 挫败 | 不安 |
| | 大怒 | 易怒 | 急躁 |
| | 暴躁 | | |
| 害怕 | 极度恐慌 | 害怕 | 担忧 |
| | 惊慌 | 恐惧 | 紧张 |
| | 惊骇 | 踌躇 | 局促不安 |
| | 孤注一掷 | 惶恐 | |
| 困惑 | 困惑 | 迷茫 | 不确定 |
| | 迷糊 | 心烦意乱 | |
| | 糊涂 | 愁容满面 | 模糊 |
| | | 迷惑 | 不清晰 |
| 软弱 | 消沉 | 不正确 | 虚弱 |
| | 无助 | 脆弱 | |
| | 不感兴趣 | 无用 | 笨拙 |
| | | 无力 | 不合格 |

这里有一些例子：

“所以，你感到情绪低落是因为你是孩子而被人忽略了？”

“所以，你感到生气是因为他只顾打游戏而没有听你说话？”

正如你听到的，这样说话的人只能是二流电视剧中留胡子的人。积极倾听在20世纪70年代风靡一时，但很快受到了批评，因为它听起来非常造作。人们会说：“放弃积极倾听那套东西，就倾听我想要说的话。”或者：“我不想让你告诉我刚才说了什么，我知道自己刚刚说的话。和我说话不要重复我说过的话。”

积极倾听的支持者解释说这仅适用于初始阶段，之后你可以将这个过程内化，把情绪反馈到你说的话当中。他们指出“感觉”这个词可以用“是”代替，而“因为”可以换成“自”“如”“通过”。但这一切都只是表面上的改变。积极倾听遇到的问题远比这些表面问题更深刻。你会本能地感觉到这个问题与我们平常说话的方式完全不同。

表明你真正关心对方是进行有意义沟通的首要任务。

但是，当你使用这些公式化的短语时，人们会认为你不真诚。

“这只鹦鹉已不复存在。”

不要成为一只鹦鹉，没有人会喜欢那样的人。

然而，释义的基础并不是坏事。我们认为询问对方的感受是个好主意。你尝试着理解她的意思，她所经历的情感以及原因会更有意义。这样做的目的是让你用另一种方式来概括对方的话，让双方都明白。当然，你通常会知道包含哪些情绪，因为她刚刚告诉过你。这使得释义成为对显而易见的事实不必要的陈述，而不是澄清。我相信这是主动倾听的人们遇到的问题之一：即使没有必要也会使用它。另一个问题，我们已经提到过，就是以一种不自然的方式说话，这要花很长时间才能做好。美国主动倾听的教练解释说，他的学生花了大约六个月的时间才学会巧妙地使用释义的方法。但是，如果你只是学习了六个月却没有学习巧妙地使用这种方法，可能就没有人会再留下和你交谈，因为你理解不了它的精华。他们中的大多数人在很久以前就不再和你交流了，他们决定向一个不那么奇怪的人敞开心扉。

那么，为什么这种技巧还能得到那么多的赞赏？正如我以前说过的，验证我理解你的思想和情感是个好主意。只是这样做的一般技术并不是那么好。相反，当有人告诉你重要的事情时，我建议你采用以下四阶段的方法。

**阶段 1**

将人们表达情感的形式化为单词（让我们称之为观察到的情感效应）……

**阶段 2**

……把你怀疑的潜在的情绪也表达出来（感知的情绪状态）。

**阶段 3**

表明你了解他们的思路（认知理解）……

**阶段 4**

……然后给这个人指出解决问题所需的方向。

实际上，这种方法是这样的：

“受到这样的对待很难受（观察情绪反应）。我可以看出为什么你会感到沮丧(感知的情绪状态)。但是,她确实一直都是这样做的,并拒绝与你谈论(认知理解),你能做些什么来改变这种情况吗(鼓励找到解决方法)?”[①]

这种模式可以用于描述假定的情绪和事件之间的联系,这正是主动倾听的关键,而且它还可以实现更多目标。它将情感表达的方式和你认为这种表达方式蕴含的情感区分开。这两种情感不一定相同,后者实际上不只是你的猜测。这点我们清楚。正如在主动倾听中那样,这种模式不会停止描述所讨论的行动,而是会引导建设性的对话,旨在带来实际的改变。

使用经典释义进行单纯的描述实际上是一个很好的选择,这种情况发生在故事不是通过语言进行表述时,也就是,你注意到了其他人的非语言信号。如果你想在商店里买东西,但店员看起来都很疲惫而且压力很大,你可以说(听起来没有责备的语气):“看起来你们今天很忙啊,还好吗?”这样,他们知道你已经注意到了他们,了解他们所处的情况,并向其表达你的同情心。这样他们将感到自己得到了你的关注和理解。如果你能看出某人脸上的表情,你也可以这样说:“你今天看起来很高兴!有什么有意思的事吗?”

但是,不要在疲惫不堪的售货员身上使用一本有名的沟通书籍里建议的那句话:“你想辞职吧,因为你一直在努力工作,却一直

① 如你所见,你仍在试图描述对方的情绪。但是,如果你认为这个人很难读懂,或者很难理解这种情感,或者不能理解这样的表述下究竟蕴含着什么感情,这都没关系。你可以说出来:“我能看出来你有多失望,但我不明白为什么。你能解释一下吗?”“我可以看出来你对这件事有强烈的感受,但我很不明白你的感受。”

有做不完的工作。”

肢体语言专家帕特里克和卡西斯·韦索夫斯基发现了关于“理解”的另一个有趣的用法。他们的想法是让你在总结某人所说的话时插入自己的结论和假设，这与通常建议的做法恰恰相反。然而，根据韦索夫斯基的说法，我们在听别人说话时无法控制面部表情表现出的情绪，特别是当我们听到有关我们自己的事的时候。这意味着你会看到你所说的话的情绪反应，并为自己提供有价值的信息：和你说话的人在你说对的时候会很开心，在你说错的时候会生气或感到惊讶等。这可能是一个重要的方法，判断你到底是对还是错。你的朋友会控制自己的语言，她总是有机会告诉你，你错了。但你也能够从朋友的面部表情中判断出你究竟是对是错。

* * *

在这一章和最后一章，我反复使用了诸如“更深”“个人”“理解”“有意义”等词语。出于某种原因，这些词语并没有特别令人愉快的联想，至少对我来说没有。我知道这些词很重要，但它们并没有让我感到开心。我觉得我像是在和一位治疗师交谈，而且觉得自己在唉声叹气。如果你也有同感，可能是因为它们以前的使用方式，让我们产生了不好的心理联想。但这些词本身并没有错。真的，很难想象有什么东西比那些有意义或个人的某些东西更让人愉快。因为如果你发现一些无趣的东西，并且无法建立与其的联系，那对你来说几乎是没什么乐趣的。

下一章我们也会使用这些单词，研究“情感”和“共情”究竟是什么。就像上面的单词一样，我们对这些概念也有错误的联想。

**它们已经融入我们所处的当代文化中。20世纪，我们一再被灌输，“共情”是我们感到善良时可以选择使用的一种空想的能力，但这对我们的存在几乎没有影响。其实并非如此。情感和共情是社交技巧中非常重要的两个组成部分，对我们的生存越来越重要。但它们并不是我们所想的那样。**

与本书中的大多数其他工具一样，“解释”可以用于两个不同的方向。

除了了解他人之外，你可以通过让他人总结你刚才对他们说的话来确定别人理解了你的意思：

“我只是想确认一下我是否解释清楚了，你能总结一下我刚才说过的话吗？”

第 5 章

# 共情的力量：情感塑造世界

共情就像一种万能溶剂。

——西蒙·拜伦－科恩

情感的优势就是让我们误入歧途。

——奥斯卡·王尔德

## 情感在所有的谈话中发挥作用

情感在所有的谈话中都发挥着作用。有时，情感就意味着一切。想想你现在的工作或学习。当你要做一项任务时，“内部”奖励是如何激励你的，比如做有意义的事情，学习新事物，获得新技能或者为自己的成就感到自豪？“外部”激励比如金钱、特权和其他人的赞誉有多重要？想一想这两种动机中哪一种对你更重要。

接下来，我想让你为同事、员工或学习伙伴回答同样的问题：他们是为内部还是外部奖励所激励？

如果与你相比，他们受到外部激励更多，那么你就是在一家好公司供职。芝加哥的学生每年都会遇到这个问题，并且他们每次都会做出同样的回答：就个人而言，他们更希望是因为想做的事得到激励，但他们的学习伙伴主要是因为好成绩及被渴望已久的表扬所激励的。

同样，事实表明，当军官离开美国陆军时，他们的同事常常认为是因为工资低。但这些军官自称与金钱无关，他们离开军队的理由是缺乏发挥创造力的机会或成长的机会。

许多企业高管也认为，他们的员工主要受金钱奖励驱使，而他们自己则为内部奖励而努力。

大多数人似乎都认为，自己是唯一会把感觉好、让我们有骄傲感、有助于个人成长、对我们有意义的东西放在首位的人。我们相信除我们自己以外的人都受到肤浅事物的驱动。我觉得人之所以会有这样的想法，是因为你从内心了解唯一的一个人：就是你自己。正因如此，你非常清楚你是基于情感价值做出决定的。但你只能从外部观察你的同伴，观察发生在他们身上的事情以及他们如何表现。然后，你理所当然地认为他们的行为取决于这些外部因素。你无法从外在表现判断，这个人是否基于自我成长或自信才做出了某个决定。

因此，为了互相理解，我们需要好好聊聊情感。事实上，如果你从不告诉别人你的感受，总是坚持既定事实及观点，别人会觉得你很冷漠，缺乏深度。他们会认为你不太想了解他们。如果你没有告诉别人你的感受，就不能责怪别人忽视你的感受。

遗憾的是，表达情感的常见方式是将其隐藏在问题之中：

“是不是有点晚了？”

“我们是不是有点喝高了？”

好的倾听者会意识到你在说什么，但是人们很容易忽视你的信息，说你错了。如果你想得到认真对待，就该解释你的感受：

“天已经很晚了，我想现在就回家。”

“我觉得我们喝得太多了。”

我们讨论的话题是用问题表达自己的意见和愿望，我想提一个人，他在生活中经常无意识地这样做：

“你穿好衣服了吗？”

“你现在要看电视吗？”

“你能不能别在床上跳了？”

这些问题对于 5 岁的孩子来说，就像提供了一个回答“不”的机会。如果你要表达意见或愿望，就把它表达出来。

“你现在要穿好衣服。”

“你现在没有时间看电视。”

“别在床上跳了！”

如果你以提问的方式而不是直接表达你的意思，就别希望得到你要的答案。毕竟，这是你开始的。

我们忘记自己情感的原因可能是它们很可怕。情感越强，我们理性思考就越难。我们这样做是有原因的。我们深入研究自己的情感时，很难做出客观正确的判断。这也会让我们冒着伤害他人，或者伤害自己的风险。这样做风险太大。而坚持事实，我们可以降低这些风险。

这样不可能进行顺畅的对话。有意义的对话，无论是与你想要了解的人轻松愉快的初次会面，还是正在进行的可能会引发冲突的讨论，都不能掺杂情感，这样的谈话只是和情感相关。掩饰情感是不可能解决冲突或进行深入沟通的。如果你一直不愿表达情感，最终没有人会真正快乐。谈判专家道格拉斯·斯通、布鲁斯·巴顿和希拉·海恩得出的结论是，除非你先处理好情绪，否则根本不可能解决冲突或问题。在讨论所发生的事情之前，你需要首先弄清楚自己的感受。

与事实不同，情感从来没有对错。它们仅仅是存在与否。当你觉得某人不应该有现在的这种情绪，那是因为你根据自己在同样情况下的感受做出的判断。但每个人都是不同的。我之前提到过，你需要了解某人是如何得出结论的，即使你认为这个结论并不正确。这个原则也适用于情感。你应该表现出你对某人正在经历某种情绪的理解，即使你感觉不一样。因为如果你有其他人的经历、想法和情感记忆，你可能也会有同样的感觉。当你肯定别人的情绪时，你就得表达出这样的意思：

“我明白你为什么会有这种感觉。如果我是你，我也会有同样的感觉。”

这也是共情能力的关键。

许多人在争论中这样做是因为他们认为对方做了一些带有恶意的事情，或者他们故意表现得很粗鲁。我们对他们大喊大叫，称其卑鄙无知。然而，事实往往相反，我们中很少有人故意对别人很刻薄。大多数人会在他们所处的环境中尽其所能地善意对人，但有一些因素，如以自我为中心，忽视的事实，错误的时机，或缺乏对情况的理解，让他们做出了回击。当你承认某人的情感时，你是在向他表明你明白他想理性而不是恶意为之。这会让他放松警惕，倾听你的意见，并与你一起解决问题。

当你发现其他人不愿意倾听时，可能是因为他们不知道如何表达自己。通常，我们甚至都不知道自己的感受，更不用说如何描述了。因此，帮助他人表达情感（例如通过使用上一章的情感词汇）。如果与你交谈的人有机会发现并表达其经历，他通常会听得更好。而且你几乎总能辨别出某人正在经历强烈的情感，即使他并没有用话语表达出来，你也可以感觉到。扭曲或隐藏强烈的情感是很困难的。大多数情况下，会有明确的信号触发肢体语言的雷达：当某人开始长时间停顿，有距离感，变得刻薄、好斗、不耐烦、难以预测，或者突然增强戒备心时，你就会知道平静的外表下正在酝酿一场暴风雨。

当你帮助别人把情绪表达出来时，就像我们讨论过的那样：你可能认为他们并不合理。也许你无法想象为什么有人会有这样的感觉。没关系，他就是有这样的感受。情感不一定要合理才能表达。觉得别人或者你自己不应该有某种感受并不能改变你真有这种感受这一现实。你可以讨论这些特定情感被触发的合理性，但这是一个事实状态和解释，接下来才会发生。

为什么道格拉斯·斯通和他的朋友认为在解决问题之前先解决情感问题如此重要呢？在某种程度上，这是为了给涉及的每个人一个发泄的机会，这样就不会对谈话产生任何不必要的影响。但最重要的是，这样做可以让你区分对话中两种不同的内容：情感和事实。我想，有时你会觉得你必须同意或不同意某人的观点，但这两种选择都不适合你。最后，你还是选择了其中一种，情况可能会变得更加糟糕。在这种情况下，了解情感和事实这两种类型的内容可能对你有所帮助。与其同意或完全不同意某人，不如认可他的情绪，同意他的重要性，但不同意他陈述的事实内容，或者相反。它会在你的谈话中起到更微妙、更有建设性的作用。

## 情感没有对错，只有存在与否

你的情绪基于你对世界的看法，这些看法是可以改变的。换句话说，你可以通过改变你对世界的看法来改变你的情感。当你对某件事做出情感反应时，你所面对的绝不是真正的事件本身。纵观历史，智者指出，让我们愤怒、快乐、恐惧或兴奋的不是事情本身，而是我们对它的看法。问题是，这些看法通常是完全自发的，并且迅速出现，速度惊人。所以，你把对穿着白色长袍披散着黑色长发遮住脸的联想与女性和那个真实女性的形象混为一谈。但真正让人害怕的并不是她，而是她在你脑海中引发的联想。平心而论，贞子在电影《午夜凶铃》结尾时爬出电视的样子，让人很难记住联想和真实的差异。

凯瑞·帕特森是变革和冲突领域的专家，他将冲突分为四个阶段：

第一阶段——我们观察到一个行为。

第二阶段——我们讲述关于这种行为的故事（我们自己的理解）。

第三阶段——我们的理解让我们产生某种情感。

第四阶段——我们对情感做出反应。

关键是第二阶段。你对事实的理解，你采取行动的视角。这构成了你对事情的看法，谁参与了这件事，这件事是如何发生以及什么时候发生的。然而，是你对事情的理解触发了你的情感，而不是事件本身。这意味着重要的是你要明白你选择对事情有什么样的理解。（即使你无意识地这么做，这也是一种选择。）尤其是当你的反应不会让你引以为豪的时候。在这些情况下，你应该思考是否有其他可能的解释，同样的事件可能会让你感觉不同。比如，当有人说他给你回电话却食言的时候，你会感到很烦恼，因为你知道这说明他要么故意忽视你，要么觉得你不是特别重要。但对于这件事，还有其他的解释吗？有其他让你不会感到烦恼的解释吗？当然有。他不给你打电话可能是他想另找时间和你进行更有意义的谈话，这样他需要在当天的日程安排中找到更多的空闲时间。另一个原因可能是他被拉去参加一个他不知道的会议。第三个原因是他想打电话，但由于通信网络超负荷而无法接通。所有这些解释都是有可能的，与你得出的结论不回复电话就是针对你个人一样都有可能。当你意识到还有其他的可能性时，你可以通过选择如何看待这件事来调整自己的情感反应。

> 我们所说的情感，实际上是我们身体对处理各种情况所做的准备的结果。我们所说的愤怒是肾上腺素冲向胳膊、手和腿。无论我们是否愿意，肾上腺素的激增还会持续 20 分钟。与此同时，它将使理性思考变得困难。肾上腺素会阻碍理性思考。这意味着，当某人生气时，你需要等待一段时间，等这个人能够再次清晰地思考和推理。

> 抑制肾上腺素激增的最好方法是承认他的情绪。如果你能表现出愤怒是可以接受的，或者至少是充满同情的，你将不再是他想象中的障碍。然后，他的身体将不再随时准备把你移开。

当你看到某人对同一件事的反应与你完全不同时，你就能想到对方最有可能做出的解释。这种解释有什么道理吗？你不需要有绝对的把握判断别人是如何应对环境的，你所需要的是有一个想法，一个理论，你可以在谈话中去检验别人的想法。

“伊恩那样对我大喊大叫的时候，总是让我很难受。我总觉得我最后会被炒鱿鱼。但我注意到，当这样的情况发生在你身上时，似乎并没有给你带来太多困扰。是因为他不是你的顶头上司吗？还是你知道一些我不知道的事情？”

“你怎么这么失望？”“这只是一架纸飞机，没什么大不了的，是吗？还是因为她吸引了你的心而对你来说特别重要？”通过关注他的不同反应，表现出你理解每个人都会有不同的感受，你想要更多地了解他的想法。

甚至可能他有比你更好的解释！选择如何理解事情，以及如何在情感上做出回应，可以给你很大的自由。当你明白这就是你的世界和其他人的世界的运作方式时，你就会在社交技巧方面取得比很多人一辈子都要大的进步。

情感很善于伪装。我们常常将令我们不舒服的情感理解成我们能够更好应对的情感（“我不难过，我生气了！”），或者不能准确描述我们真实的感受（“我只是悲伤”），甚至将很多情感表达为一种情感（“我感到焦虑”）。

这种情感伪装的一个典型例子是某人出现了不能控制的愤怒。第一个警告信号是毫无理由地感到愤怒，而且越来越频繁。这就是正发生的事情，但人们通常的解释是，这种行为是合理的：你“不再说任何废话”。

这不仅仅是一种情感伪装；愤怒实际上是一个人所经历的一系列复杂的心理和情绪过程的表达，它可能涉及悲伤、挫折和不公正等情绪。但是这些东西太难处理了。

情感也可以转化为指责（“你真是太懒了！”）、归因（“你永远都懒得给家里帮忙！”）和假设（“你从来没有为生活中的任何事情努力工作过！”）。很难区分我们对他人的假设和我们对自己感受的表述之间的差异。当我们判断一个人的行为时，感觉就像我们在表达一种情感，而我们所评判的人可以看出我们的感受非常强烈。问题是他们不确定我们的感受是什么，所以他们关注的是我们总在评判别人而不是要解决问题。举个例子：假设你正经历人生中的艰难时刻。你的伴侣和你分手了。你最好的朋友并没有给你想要的支持。事实上，他只给你打过一次电话，而那不是你说话的好时机。

最后，你对他说：“如果你真的是我朋友，你会一直陪在我身边的。（假设）你是故意要伤害我吗？（归因）你太不体谅人，太自私了。（指控）如果我们要继续做朋友，我希望你经常给我打电话，尤其是当我有这种感受的时候。”你认为他应该多给你打电话。让我们换位思考一下。

你的一个朋友刚刚被他的情侣甩了。你一听到这个消息就和他取得了联系，问他是否想谈这件事，但他说不想谈这件事，想一个人待一会儿。所以，出于对他的尊重，你一直等着没有和他联系。突然，他给你打电话，告诉你没有接到你的电话给他是多么沮丧。他还说你不体谅人、自私，甚至问你是不是故意伤害他的感情。而你所做的只是尽力去尊重他的意愿。然后，他却说你应该多给他打电话。像这样被朋友误解，你还可能经常给他打电话吗?

如果你被摆脱不掉的消极情感主宰，你可以给自己提出一个抽象的问题。给自己设定一些数学或逻辑任务，比如公交车在每站停下来 30 秒，计算在整条线路上你可以来回乘坐公共汽车的次数，或者你可以怎样重新布置家中的家具才能腾出一个衣帽间的空间。

这种解决问题的过程可以激活理性和逻辑思维，它位于大脑的额叶中。如果你给大脑这个部位提出一个棘手的问题，它会花费大量的资源来处理这个问题，就是说，这会占用大脑其他部分的能量，包括杏仁核，它是处理情感反应的地方。大脑在解决难题时就不能为强烈情感提供能量，这意味着你可以重新控制你的思想。

就像我之前提到的，你可能会觉得说“你不体谅别人，自私”和说“我觉得受到了伤害和尴尬”是一样的，但是你说话的对象听到的却是两件完全不同的事情。每当我们想要别人承认某件事是他们的错，这是一个警告信号，表明我们可能有很多压抑的情感。专注于是谁的错是没有用的，最好是找到那些没有表达出来的情感。

发现这些情感之后，找到罪魁祸首的要求就不那么迫切了。

想摆脱消极情绪状态并不容易，尤其是当你确信自己正确的时候。但是当你确信自己正确的时候，最重要的是你要确保自己确实正确。当了解自己的真实情感时，你就能影响并改变它们。因为你的行为基于情感，你也会改变你的行为。但是，如果你相信你的情感是不变的永恒真理，而其他人必须接受，那么你的行为就会控制你。所以，看穿情感的伪装，改变你的理解比你想象的要容易。难点在于记住并做到这一点。

## 共情不等于同情

共情是一个经常被误解的概念。许多人认为它和同情是一回事，然而，两者有很大的不同。同情是你观察别人的挣扎时所经历的一种情感，而共情是对他人情绪的理解，这并不意味着你必须有同样的感觉。共情只是你从别人的角度看世界的能力——像别人一样思考，从而理解这个人的情感。共情在很大程度上是一种认知能力，而同情则是一种情感能力。

共情是人类最伟大、最隐秘的能力之一。几乎每天，你都在不经意间使用共情。当你和朋友去喝咖啡，决定给他买块饼干时，你不会随便挑一块。你的选择是基于朋友的喜好，基于你对他的了解以及你们过去在咖啡店见面的习惯。如果你决定随意选择，那是因为你知道你这个朋友会喜欢你这样做。

任何时候，当你做出决定或行动都是基于对别人的愿望、需求或偏好的理解时，你就是在使用共情能力。它并不是为处于困境的人所保留的。共情是日常行为的基础。就像你会随手锁上浴室的门，因为你意识到你十几岁的孩子不喜欢在刷牙的时候发现你在里面。如果没有日常的共情，我们都是孤立的小岛，无法与人合作。或者更确切地说，我们不会灭绝，因为当我们还是婴儿的时候，就有人养活我们，否则我们的物种就会灭绝。说到婴儿，如果你与一个一岁左右的孩子进行过眼神交流，你就会知道接下来会发生什么：这个孩子会立刻热情地递给你一个吃了一半的三明治或沾满口水的奶嘴。这种看似简单的行为是很有可能出现的，这要归功于孩子天生的共情能力。

这并不是新出现的想法，查尔斯·达尔文甚至也写过这点。他说我们拥有一种“社交本能”，让我们觉得即使我们不认识其他人，但救人性命是很重要的。达尔文认为合作和互惠在进化过程中和竞争一样重要。我们祖先的共情能力使他们形成了社会团体，这帮助他们在残酷的世界中生存下来，他们能更好地保护自己不受捕食者的伤害，并照顾自己的孩子。大脑的共情能力给了我们进化上的优势。

不幸的是，达尔文对这些事物的理解今天大部分已经被我们遗忘了，这在很大程度上要归功于像赫伯特·斯宾塞这样的人。他读过达尔文的著作并对我们这些普通人解释说，达尔文著作的核心观点就是“适者生存”——这是达尔文从来没有使用过的术语。他认为人类的社会本质不是一种生存机制，而是一种物种内部竞争的状态。从斯宾塞时代开始，我们就一直关注个人。哲学家兼作家罗曼·科兹纳里奇观察到，当代自助市场几乎完全建立在这样一种观念之上：了解自己的最佳方式是专注于自己，专注于自己的情绪和经历。我们对这种观点的接受已经非常自然，很难对此吹毛求疵。但问题是，这种观点忽视了你自己幸福最重要的因素：其他人以及你与他们分享的经历。因此，尽管我们花了近一个世纪的时间自省，在自助文学和励志演讲的鼓励下，我们并不一定更快乐。我们仍然觉得错过了一些东西。我们要找的实际上是站在我们旁边的人。

镜像神经元的研究得出了越来越多的证据，证明我们无条件地相互联系这一观点。这一领域的主要研究人员之一克里斯蒂安·凯恩斯表示："我们在某种程度上是社交动物，十年前大多数人还没有对此持怀疑态度。"

共情是我们大脑基本结构的一部分。经济学家理查德·莱亚德指出，我们应该努力培养自己"原始的共情本能"，因为，"如果你更关心与你有关的人，你就更有可能快乐"。

研究也证实了这一点。

尽管如此，自从斯宾塞误读达尔文的意思以来，西方文化一直推崇个人而非群体。如果你研究过经济学或道德哲学，你会注意到，大多数流传下来的观点都是人的行为符合自身利益原则。科兹纳里奇指出，电视上的新闻广播也讲述了同样的故事，在电视上，我们看到的标准画面是一个利己的实体，目标有冲突，无论个人目标与国家还是公司的目标都有冲突。这种个人主义态度也体现在过去 30 年西方最畅销的电子游戏中。不管这款游戏是叫《杀出重围》还是叫《古墓丽影》，大多数都属于“孤胆英雄”类。也就是说，在独自解决逻辑难题之前，主人公扮演了一个孤独的男英雄或女英雄的角色，通过杀死其他人来摆平局面。几十年来，我们面对的都是个人主义，以冲突为主导的社会达尔文主义文化在制约着我们。

事实上，现在大部分的沟通都是电子的，这也没能改变上述局面。用信息表达共情和当面表达你的同感是有天壤之别的。

然而，事情总有一线光明：不受商业利益控制的媒体报道的内容，总是在探究人类最低的共同标准可能是什么。在视频网站上，无意中做了好事的人的视频开始流行起来。事实上，有一系列有关“无意的善举”这个主题的短片。在这些善举中，人们为陌生人做了一件意想不到的好事，只是为了友善。在视频游戏方面，亚洲游戏产业比西方游戏产业更注重合作和关系。追溯到1984年，日本推出了《女孩花园》这个游戏。这个游戏讲的是一个乡下女孩Papri的故事，她想要赢回男朋友的爱。如今，游戏不再需要实体版就能发行，西方出现了一种“非主流”的游戏，在这种游戏中，价值观与商业巨头所要宣传的完全不同。现在，除了《杀出重围》之外，你还可以玩《癌症似龙》。这款游戏讲述了一个悲伤的、极具感染力的故事——一个家庭最小的儿子死于癌症的故事。

如果你有问题，不管是什么问题，你都可以在线上论坛里相关的主题区就这个问题与别人开展讨论，让地球另一端的人热情地为你解决问题（并且压根不会要求你因为求助而支付费用）。

在这本书前面的部分，我抱怨说，新的数字化生活方式让人类沟通变得更加困难。但是，如果这种新的脆弱趋势继续下去，它可以教给我们一些关于我们自身的重要事情：如何接受我们与生俱来的共情能力。

因为我们需要这种共情能力。正如我在前言中提到的，我们的社会因为缺乏共情而深受其害。研究表明，自 20 世纪 80 年代以来，年轻人的共情能力逐渐减弱，在过去的十年中更是达到最低点。这比我们过去 3 000 年来一直听到的关于“现在的年轻人啊”这句由来已久的抱怨还要严重[①]；这是一个真正的、可衡量的转变。如果这种情况继续下去，可能会影响我们未来的生存。这可能有点危言耸听，但事实上，当我们尝试进行有意义的社交互动时，缺乏共情已经引发很多问题。你现在知道了，这是幸福生活的基本前提。我们需要立即扭转这一趋势。现在开始改变，还有谁比你更适合呢？

## 情感不同，源于我们对世界的理解不同

我们中的大多数人都会对别人做出各种推测，有先入为主的想法。我们几乎自觉地依靠我们的偏见：在第一次见面的第一秒钟，你就会因为对方的针织毛衣觉得他很无聊。你对在公共汽车上遇到的“坏孩子”有刻板的看法，你把自己先入为主的想法投射到电视新闻报道中提到的道路施工人员的身上，而实际上你对他们的生活

① 抱怨年轻人粗心、无聊这种做法至少可以追溯到赫西奥德，他是生活在 2 800 年前的古希腊人。

一无所知。每个人都在这么做。我们也不应该受到批判，因为人的大脑在不断地进行资源分配，确保不会浪费任何能量。如果大脑能把相似的信息看成相同的信息而归为一组，就不必考虑所有的独立部分，而是只关注单个信息。这样做可以节省能量，在许多情况下这很有用。“冬天总是很冷”这句概括的话可以帮助你及时去买新的羊毛袜。事实上，冬天并不是每一天的温度、风力和降水都是相同的，但这对事情并没有什么影响。因此，大脑发现这是一种资源管理的有效方法。

然而，这种信息分组应用在人的身上并不总是合适。一方面，概括“走在街上我遇见的每个人都将尊重社会契约不攻击我”这种想法有用，因为它几乎总是正确的，这样你就不会在有人走近你的时候费心考虑要不要走到马路的另一侧。另一方面，“所有冈比亚人都是懒惰的”这一概括并不是建设性的，而是一种种族主义的刻板印象，因为它忽略了这样一个事实，即冈比亚人和其他任何民族一样，都是由极度懒惰到极度野心勃勃的人组成的。

政治、宗教和民族主义中观察到的刻板印象，其结果每次都是一样的：忽视人的个性和人性，这使我们无法了解真实的这个人是什么样的。虽然这是一种有意为之的策略，各种各样的运动想要通过这种方法把人归类，但这种机制实际上起源于大脑内部的一种保存能量的活动。奇怪的是，虽然你认为这种刻板的看法通常没有什么意义，但大脑却很轻而易举地就得出这种概括的结论和偏见。然而，这一机制可能在人的其他与人无关的认知活动中非常有用，所以大脑认为它还是值得的。除此之外，你的大脑中还有另外一个部分可以调节这种不平衡：共情能力。如果它一直是完全活跃的，你就不会产生任何偏见。但共情需要消耗大量资源。事实上，人的大脑一直具有共情能力，但人们并不总是想要使用它。

我们在这个世界上生活，会注意到一些事情，也会忽视一些事情。但我们真的别无选择；如果我们不选择性地记住某些事情，所有的记忆便会挤爆我们的脑袋。但我们选择记住（或忽略）的东西不同，这不仅是因为我们身处不同的地方。即使我真的追随了你一整天，我们每个人注意到的东西仍然是不同的。这就意味着我们获取了不同的信息，以此作为我们思考和决策的基础，这就是为什么你的世界和我的世界完全不同。如果我们听到同样的说法，我们也会做出不同的理解，因为我们的理解是基于不同的个人经历。但是我们往往忘记我们的世界观只是个人的观点，我们往往认为事情就是这样的。"即使我们努力对环境做出客观公正的判断，也经常得出有利于我们自己的结论，并肯定我们的自我形象。"（即使那种自我形象是我们用来接近这个世界的。）这使得我们很难看到我们的理解并不比其他人的更正确，因为是我们得出的结论让我们相信自己更正确。很可能，我们没有意识到或已经过滤掉很多信息，这改变了我们对事物的看法。

这里有一个有趣的问题需要考虑：为什么总是别人是浑蛋？为什么从来不是你？为什么你从来不认为自己的观点是不合理的，或者你在讨论时从来没发现自己的观点是混乱的？答案是你不认为自己是问题的根源。更困难的是要记住其他人也是这么想的。

你和别人不能理解对方的时候，可以明确你的结论是什么。不要问自己："他怎么会这么想？"而是问："他有什么信息是我没有的？是什么世界观让他认为这个结论比我的更合理？"首先，试着去理解别人的世界，而且在这个过程中不要放弃自己的世界观。通常，意见上的分歧不是你们中的哪个人错了，而是世界观的不同带来的结果。

## 共情的技巧

接下来将要发生的事情可能看起来很残酷，但是关于其他人为什么会这样做，你的大部分假设都是错误的。你是自己生活的中心，这意味着你根据别人对你的影响来判断他们的行为。如果你觉得受到了伤害，你会认为对方是故意这样的。如果你感到匆忙，你会觉得他想让你紧张。这个解释是自动产生的，并没有经过理性思考。有时候，你异常专注，可能会想，对方是否别有所图。然而，你可能仍然认为这一切都与你有关。他可能根本就没有考虑过这件事对你的影响，而且实际上这件事与其他事情有关，这种想法对你来讲几乎是无法想象的。我们非常专注于自己，根本无法假定事件与我们无关。在心理学上，这被称为聚光灯效应：因为我们总是考虑自己，所以我们假设其他人也在打我们的主意。我们觉得每个人都能看到我们穿的毛衣上的污渍，而事实上，大多数人甚至都没有注意到我们在房间里。因为其他人也都在想自己！

可能有些人你根本就理解不了，这些人就是你练习共情的绝好对象。现在选择一个。从一级到十级测评你对他行为的理解程度。然后，列出你们两个不同的方面。你们住在不同的地方吗？你们的年龄不同吗？你们有不同的人生目标，不同的价值观吗？

确定列出的哪些方面是你理解他的最大障碍。接下来，试着从他与你不同的视角看世界。利用下一页的问题，以及你对他的经历和背景的了解。从他的观点来看，你会发现事情是多么不同。

这样做的时候：评测一下你对另一个人的理解。你对别人的看法改变了吗？

有改变吗？

这种影响似乎也与自尊有关。你的自尊心越弱，你就越重视别人的意见，你就越关注他们对你的看法。一位以刻薄风格撰写专栏而闻名的瑞典媒体名人，乘坐从哥德堡到斯德哥尔摩的火车时，火车像旅行中经常发生的那样，突然停了下来。他却向别人讲述他确信火车的突然停下都是因为他在火车上：火车上的乘务人员明显注意到他在火车上，决定给他一个教训，因为他刚写过一篇关于瑞典铁路服务的文章，语言尖刻、恶毒。另一种可能的解释是：火车正等着一辆即将驶来的列车，根本没有人注意到他。

当我们对某人的行为做出负面回应时，就会出现这种“归因”。有人对我们不好时，我们相信他们是故意的。当他们善待我们时，我们也不太确定。有趣的是，我们对自己的看法恰恰相反。当我们对别人不好时，那是因为我们工作太累，压力过大，或者是筋疲力尽。

我们只是不良环境的受害者。我们知道，在内心深处，我们是心怀好意的。当然，事实是，意图是复杂的。有时你的一个行动背后有不止一个想法，有时你根本没有任何想法，有时即使你的行动出于好意，事情也会出错。

你对他人意图的感知将决定你如何看待他们，从而影响你的沟通能力。不管他们的行为对你产生何种影响，你的共情能力使你能够理解他人的意图，也能帮助你认识到不管你的意见如何，你都会对别人造成影响。

让你对某人产生共情的一个简单方法是问问自己下面的问题：

- 这个人的能力如何？
- 他的专业领域是什么？
- 在这种情况下，他起到什么作用？
- 在这种情况下，他最大的恐惧是什么？在这种情况之外呢？
- 在这种情况下，他最大的优点是什么？在这种情况之外呢？

唤醒理解的另一种方法是避免给别人贴上标签。给人贴标签就等于说他们是懒惰、好斗、吵闹、自信或有条理的。标签无助于谈话的进展，当他们习惯于挑起争论时，他们所做的就是让对方进入防御模式。但是，如果你说某人没按时完成任务，打断别人，不断地重新商定最后期限，进行眼神交流，或者在电子表格中概述项目，你就是在描述行为。我们可以讨论和探索行为的原因。

我建议，当有人以某种你没想到的方式回应你时，你可以开启你的日常共情模式。如果你问一位讲师他能否通过电子邮件把幻灯片发给你，得到的却是粗鲁的回复，不要沮丧。想一想可能是什么让他对这样一个简单的问题做出如此反应。是因为一大早就问，太早了吗？还是他被一些私人问题困扰？

有时，反应的激烈程度表现在非语言信号中，而不是表现在语言中。在这样的情况下，我不建议你使用之前学过的非语言信号。像下面这样的表述可能过于有侵入性：

“你今天看起来很累。”

另一个人可能不知道别人能够看出他的疲惫。最好把你的观察说成是一个问题：

“你今天是有点儿累了吗？”

或者：“在我看来，你认为这是批评，对吗？”

这样，你会把信息的控制权交还给对方，由他来确认你是否正确。对别人的不理解不要恼怒，你对他的理解会让你们的关系好起来，并且他也会过得很开心。所以，你可以称赞他的 T 恤，然后问问他，你去买咖啡时，他是否也想来一杯。

当然，我们不应该只在消极情境中针对性地使用日常共情。当你说出“你今天看起来很开心！”之类的简单话语时，这会让对方感谢自己也感谢你，因为这表明你是少数并不只是专注自己的人。

共情也会让你和另一个人开始为了彼此的利益而行动，这是所有建设性关系的驱动力。当其他人准备承担你的一些负担或帮助你做一些你自己无法做的事情时，结果可能很神奇。正如心理学家丹尼尔·戈尔曼提醒我们的那样：“感受对方，为之行动。”

当然，试图从内心去理解一个人本身就有问题：事实上，你永远无法真正成功地做到这一点。除非你有与其他人完全相同的经历，了解身无分文，有一份糟糕的工作，成为一个摇滚明星，经历过离婚，或者曾是一个企业高管，报纸上说过你是骗子……你对他人的理解都是基于自己的猜测和假设。测试已经表明，当让受试者观察照片中别人的眼睛，并要求认真思考他人的感受时，他们通常会比看一眼照片中人物的面部表情并快速判断时更容易得出错误的结论。这意味着当我们变得敏感，但缺乏足够的信息时，我们会比根据更多的信息快速形成一个观点时更容易犯错误，更容易产生误解。

如果我们意识到这一点，这就不是什么大问题了。当我们表达自己的共情时，我们可以提醒听众我们可能会误解他们的意思。我们意识到，我们很难把自己置于一个与我们相距甚远的人的立场上。但是我们说的是，要在多大程度上去理解他人的问题。我们如何判断一个人的现实情况对我们的共情能力来说太难理解呢？特别是考虑到我们的“内在”世界可以是不同的，而这一点的表现也不明显？

当我们试图了解别人时，我们也有被自己的偏见影响的风险。女人真的能想象男人是什么样子吗？或者当她尝试理解男人的时候，她会诉诸刻板印象（和偏见）吗？当工会代表在谈判中想象当一个大公司的高管是什么样子时，他在多大程度上会受到自己对经营企业的概念的影响？

如果你对某人的世界观、处境或观点并不完全了解，那么你在沟通中犯的错误就会被放大。幸运的是，这个问题有解决的方法：假设你什么都不知道。如果你想知道什么，就去问，不要猜测。通过询问检验你的假设，看看是否正确。如果你不问，那就避免共情。

把你的想法和决定建立在事实的基础上，直到你有足够的知识来运用你的共情能力。这样做的好处是，你越经常去全面地了解别人的世界观，你的经验和参考就会越丰富。

非语言共情是指共情反应是基于非语言信号的。当你的经历与你交谈的人不太一样时，它可以帮助你避免陷入刻板印象。

你知道，你的镜像神经元会激活你自己的肌肉，让你做出和你正在观察的人同样的手势或面部表情。有时这种镜像在视觉上是显而易见的，有时则不然。但这两种情况都会发生。这就是为什么只有几周大的婴儿已经可以模仿面部表情了。这是一个自动的过程，也是我们最早学习的方法之一。当我们观察到的表情是由某种情绪引起的，镜像神经元也会帮助我们理解对方的感受，因为肌肉镜像会在我们体内产生同样的情绪，尽管产生的情绪比较弱。如果研究人员阻止你模仿表情的能力，要求你咬铅笔，强迫你微笑，或者在你的额头注入肉毒杆菌，阻止脸部的肌肉运动，那么你理解他人感受的能力会被削弱。[①]

共情反射是一种非常灵敏的方法。阻止眼神交流就能削弱人与人之间的联系。如果我的手在流血，我看着你的眼睛龇牙咧嘴痛苦不已，你也会龇牙咧嘴感受我的痛苦。但如果我的手在流血，而我龇牙咧嘴，但不看着你的眼睛，那么你的共情心不会被激活到同样的程度。研究还表明，当我们想着其他事情时，比如一个人的外表，

---

① 在某些行业，这可能是件不幸的事。虽然肉毒杆菌可以让你拥有光滑的前额，但是根据某些研究结果，也许你不应该做一个心理治疗师。

我们理解他人想法的能力就会大大降低。这可能是衣着暴露的人经常觉得别人不把他们当回事的原因之一。这是一种纯粹的神经机制：当我们看到衣着暴露的人（尤其是让我们产生性趣的人），就会触发大脑中处理物体和工具的区域，而不是触发处理理解他人想法的区域。

基本上，共情需要头脑的参与。然而，这并不意味着你应该对另一个人进行深入的分析。不打扰通常是个更好的主意。在这种情况下，你可以使用非语言的理解能力：观察对方的非语言信号，如果你不确定自己的解释，问问这些信号是什么意思。

“当你说话时都用简短的句子而且不看着我的眼睛，我会觉得你在生我的气，是吗？”

“当你肩膀那样耷拉下来，会让你看起来很沮丧。发生什么事了吗？”

注意，这些句子的开头是纯描述性的。接下来是你对你所描述的内容的解释，然后用一个问题来验证你是对的。

注意，你的描述中不要带有评判，这样你就不会告诉别人他们的感受。永远不要这样说：“别那样生气地看着我，你为什么不告诉我你生气了呢？”

毕竟，你的解释可能是错误的。也许他只是得了轻微的红眼病，还因为运动而有点酸痛。

所以，你应该说“当你扬起眉毛的时候”，而不是“当你感到惊讶的时候”。说“当你做事很快时”而不是“当你感到紧张时”，这似乎没什么大不了的。你可能从其他信号中得知这个人真的很紧张或很惊讶。但即使这是真的，他也会感激你没有把你的解释视为理所当然。

我还想提醒你们，要明白你所做的解释只是你的解释，而不是某种普遍的真理。请务必使用恰当的词语来表明这一点。“我觉得好像你……”而不是“好像你……”。

然后，以问题结尾，给对方一个机会肯定或否定你所说的话。

观察到同样的行为两三次后，你可能就不需要再问了，你已经明白他的意思了。但是谨慎一点总是好的，即使你和你很熟悉的人打交道，尤其是当涉及消极情绪时也应该谨慎一点儿。事实上，我在写这一章的时候，有人问我是不是心情不好，因为我表现得好像心情不好。

但问我的那个人很聪明，而且没有假定他的解释就是正确的（这反过来会影响他对我的情绪和行为）。我回答：“不，你为什么这么想？”他解释说，我们之前的谈话中，我的回答非常简短，没有看他。他的解释合情合理。然而，事实是我只是走神了。描述非语言信号是让人们熟悉自己行为的好方法。就我个人而言，我发现当我一边读邮件一边听人说话时，我看起来就像生气了一样。

## 共情如何打破僵局？

共情的陈述并不要求你先和另一个人建立亲密的关系，这实际上是与不认识的人谈话的最佳方式。就像美国联邦调查局前探员杰克·沙弗所说的，你需要做的就是在开始和某人说话之前先观察几秒钟。他们的肢体语言通常会显示出他们对现状是不开心的还是开心的。通过这些信息，你可以开始一段对话，最理想的方式是在结束的时候赞美说："你看起来不太喜欢这种娱乐方式。""你仍然坐在那里表明你有那种我梦寐以求的勇气。"

> 描述一个人的非语言行为是接近那些可能不想说话的人的一个很好的方法。比如你正处在青春期的孩子或者其他表现出强烈抗拒心理的人。与其告诉他你对他的感受，不如说："天哪，你看上去很沮丧啊？有什么麻烦吗？"或者谨慎地说："你额头上有皱纹。在我看来，你在想重要的事情。你想聊聊吗？"

"轻松"的同情陈述是另一种让将要结束的谈话重新开始的好方法。重复对方说过的最后一句话，然后加上一个关于他们情绪的问题。

"我觉得'你刚刚说的话'是你宁可避免的吗？"

"听起来你真的很像'你刚刚说的话'的样子。"

"那你对'刚才说的话'感觉怎么样？"

***

人类很复杂，不容易理解。尽管如此，理解他人是我们生存于社会的第二个基石。当你不了解他人时，你就无法影响他们，无法与他们合作，也无法解决他们之间的冲突，更不用说和他们一起玩或者亲热了。一旦你知道了别人是如何思考、感受和看待世界的，一切就都有可能了。

善解人意的能力是人性中最基本的一部分，它能让你在追求自己目标的同时，帮助别人完成他们的梦想。事实上，共情能力是人性中最基础的能力，我们在 20 世纪削弱了这种能力，真是不可思议。但你现在理解了共情和社交技巧，如果它们不算是同义词的话，至少是密不可分的。它们还有另一个共同点：都发生在你的内心。社交技巧所要克服的许多障碍都是基于你如何去理解这个世界，这个世界上的人，以及你的自尊。这意味着在你学习处理其他沟通相关的更高级技巧之前，需要调整自己的一些既定的看法。

我意识到这打破了我只是描述某人的行为，而不去解释这种行为的规则。但是当你需要开始积极谈话时，你就可以抓住这个机会。尤其是你也会赞美的时候。

当你使用共情表述时，应该注意不要在结尾加上“我知道你的感受”。这会让别人做出一个明显的反应：

“你根本不知道我的感受。”

这种反应只会造成你们之间的疏离。

这与你想要的恰恰相反。

第6章

# 高情商社交技巧

我说得已经够多了，看我的！

——《怪诞小镇》剧中角色斯坦

## 社交关系中最大的障碍是你自己

2000 年年初让“情商”这一概念风靡一时的心理学家丹尼尔·戈尔曼（尽管这一概念是 1920 年桑代克首次提出的）曾经写道，情商不仅意味着要善于处理人际关系，还意味着能够洞悉人际关系。第一个需要社交技巧的关系就是你和自己的关系。你看，它经常妨碍你与他人交往。我在第一章的整个章节都在抱怨你的沟通能力多么糟糕。但是你知道吗？我也不比你强。我们从小就这样。

1975 年，心理学家杰勒德·伊根列出孩子们学习与他人相处的各种不正常的方式。这个清单包括架设外墙、肤浅、玩“人际游戏”、对他人（或自己）隐藏、操纵他人（或被他人操纵）、造成痛苦、惩罚他人。

这些行为存在于我们的记忆中，因此我们能进行比较正常的对话实在是个奇迹。当然，不是每个人都能从伊根的失调列表中学习到所有的行为，不同的人由于成长方式不同，应对沟通的方式也不同。但实际上不可避免的是，这些方法有一些将会成为你日常生活的处理方法，成为你个性的一部分。这些你从小学到的生存策略常常会阻碍你尝试真正的沟通。当你与人沟通时，这就会发生。如今，我们比人类历史上的任何时候都更加孤立。这不仅仅是由技术引起的，也是你在关于共情的章节中读到的自我认知的结果，这一概念在过去的一百年里一直占主导地位。

自从戴尔·卡耐基在 1936 年写了《如何赢得朋友和影响他人》以来，向我们铺天盖地般涌来的自助文学，几乎毫无例外都鼓励人们把注意力转向自己。"个人"发展往往就是这样：个人的，而不是公共的。这不仅让我们花了几十年时间在放大镜下研究自己；也让我们不那么勤奋地了解他人。我们对别人的想法和作用了解得越少，我们就越倾向于用"如果我们是他们，我们会做什么"来填补这个空白。当然，这里的问题是我们不是他们。我们倾向于相信世界上其他人的思想、联想和理解与我们自己的相似，而实际上并非如此。我们之前提到过的心理学家尼古拉斯·埃普利让一组志愿者针对十个不同的主题分别写两个不同的句子，其中一个是真诚，另一个是讽刺。（这些主题是日常话题，例如食物、汽车、约会和电影。）接下来，他们要将写下的句子传达给另一个人。在某些情况下，句子是通过电子邮件发送的，而在另一些情况下，句子是通过电话大声说给对方听的。写下这些句子的人认为，他们在电子邮件中和电话中沟通是一样的，他们希望收件人能够理解这些信息的 80%。收件人和发件人一样相信自己足够聪明可以理解对方的意思：他们估计自己对 90% 的信息理解是正确的——不管他们是通过电话还是电子邮件接收这些句子。

然而，事实远非如此。接收者实际上只有在电话中听到句子时才能判断这句话是真诚的还是讽刺的。他们通过电子邮件接收时，他们的判断并不比掷硬币更准确。因此，发件人错误地预估了别人对他们发出的信息做出解释的能力，并且收件人未能看到他们自己对这些陈述的解释并不是唯一可能的解释。基本上，我们很难理解其他人并不一定和我们想法一致。

## 告别"多任务处理"，重新集中注意力

我们这个时代的科技进步不仅影响了我们互动的本质，也影响了我们大脑的能力。所有这些新技术似乎都有提升我们智力的潜力，至少按照目前对科技的估测是这样的。（这是事实，尽管这样的技术也增加了我们的社会孤立感，使我们的关系不那么自然。）随着数字文化越来越先进，我们的智商测试也越来越好，这不是巧合。甚至我们"一心多用"，或者同时做几件事的能力也在某种程度上有所提高。我写"在某种程度上"，因为到目前为止，每一项关于这个话题的研究都表明，我们不能同时做几件事。我们所能做的就是或快或慢地在不同的任务之间转换，并在转换的过程中不再过多地分散注意力。然而，脑科学家达芙妮·巴韦利尔和其他人已经注意到，花大量时间玩动作游戏的人比使用 Facebook、Snapchat 和 Instagram 的人更善于在任务之间切换，同时保持专注。

但是，在我们对这个技术大加赞赏之前，我想提醒一下你在前

几句话中读到的内容。我们生活的科技世界增加了我们的社会孤立感，它使我们的关系变得不那么自然。没有什么事值得这点儿变化，哪怕是有一点点儿提高你的智商。众所周知，孤独比吸烟更致命。换句话说，我们的数字文化固有的孤独感正在慢慢地扼杀我们。

对于那些认为我不是勒德分子①，希望人类古老的程序能在不久的将来赶上我们文化的人，你们需要明白这不会很快发生。用来思考的两个脑细胞之间的连接叫作突触。当你两岁的时候，大脑会最大化你大脑额叶的突触数量，人的理性思维产生于大脑额叶。那时，大脑不知道你最终需要哪个思维网络，所以它只是为所有这些可能的连接做好准备。这有点儿像一个雕刻家从一块巨大的花岗石开始，它可能成为不同的雕塑，因为花岗岩是一块接一块地被砸掉的。你的大脑里也发生了同样的变化。你两岁的时候，大脑充满了潜力，它的重量几乎和成年人的脑重量一样。但是 15 年后，大脑已经减少了大约 60% 的重量。

由于脑细胞可以产生几乎无限数量的潜在连接，它已经进化到保护自己不会“过度连接”。当你和别人聊天、看《惊魂记》时，再使用 Facebook 就足以让你的大脑爆炸，如果大脑真的想同时做所有这些事情的话。如果向大脑中输入过多的信息，它就不能有效地发挥作用。因此，大脑是有选择性的，并且每次只允许少量的信息通过。它使用的解决方案是每次只执行一个任务，然后在它们之间快速切换。你

① 英文名 Luddite。勒德分子是 19 世纪英国工业革命时期，因为机器代替了人力而失业的技术工人。现引申为持有反机械化以及反自动化观点的人。——编者注

可以看到，在你的 Facebook 中开始的视频里有一只猫，从电视上听到一些关于“女巫系统”的信息，注意到你朋友脸上的表情。但是在再次切换之前，你没有足够的时间对这些事情做出任何反应。

所有这些转换并不会让你在所有这些活动中都表现得很糟糕；你在两者之间切换时，也会浪费时间。研究还表明，当大脑从一项任务转到另一项任务时，我们的大脑连接就会稍微休息一下。这会浪费时间，降低效率。想象一下，这就像你必须在电脑上退出一个应用程序后才能启动下一个一样。当你额叶上的“控制室”必须激活新的回路并在切换到新的活动时关闭旧回路，你的大脑就会发生这种情况。密歇根大学的心理学家大卫·迈耶斯总结说，那些擅长在解决数学问题和识别几何形状之间来回切换的人需要花费更多时间完成任务——他们的结果也比那些一次只完成一个任务的人更糟糕。那么，这对你意味着什么呢？好吧，如果你在回复邮件的同时还在写别的东西，你的大脑会比一次完成一个任务的效率低一半。

说实话，你有多少次在和别人说话的时候能读短信或者写完一封邮件？有多少次你真的记住了别人说的所有话并用最短的时间发出了短信？这正是我的观点，你只完成了一半，你仍然需要对方重复他们所说的话。

在加州进行的另一项研究发现，“一心多用”的程序员和办公室职员实际上每天在每个项目上只花 11 分钟。每次有人心烦意乱时，他们需要 25 分钟才能回到原来的工作上。同时做几件事更有效率的想法是不可能的。

但是听音乐怎么样？的确，一些研究表明，有些员工在工作时听音乐会更有效率，但这是同时做两件事。其实，这些好的效果似乎仅限于用手工作的人，比如外科医生和建筑工人。音乐和手的动作可以激活大脑的不同部位，这就意味着你可以同时完成多个任务。（假设你喜欢音乐，就会有这样的效果；如果你不喜欢，它就会分散你的注意力，对你的表现产生负面影响。）

当然，即使你不是外科医生，工作时听音乐也很愉快。但这是一个完全不同的问题。同时做几件事并不会让你变得没有效率；正如我之前提到的，如果你频繁地在不同事情间转换，大脑就没有足够的时间专注于每一项活动。在切换之前，它没有时间点击“保存”。这就是为什么你从来没有真正了解过 Facebook 视频中那只猫发生了什么。如果你想知道，那么我可以告诉你，它正在弹钢琴并且看起来很可爱。例如，一心多用的人不会完全记得会议说了什么，因为他们没有足够的时间在切换任务之前将信息解码保存到长时记忆中。进一步的结果就是，他们犯错误的风险更大。他们也会变成社交白痴，因为当你问他们问题时，他们永远不知道你在说什么。多任务处理会影响你的社交能力，当你编辑短信的时候，你想做的一件事就是和一个真实的人交谈。你知道这样对话时对方是什么样子的：你对正在玩手机的人说话，你唯一得到的回应就是一句含混不清的回复。在布雷特·伊斯顿·埃利斯对社会的最严厉的批判中，电影《美国惊魂记》中有几次主角帕特里克·贝特曼向他的熟人讲述了最令人发指的谋杀，他们都全神贯注于自己的事情而没有认真听他讲述。《美国惊魂记》或许讽刺了 20 世纪 80 年代消费文化所导致的精神孤立，但在如今充斥着媒体报道、多任务处理的生活中，我们都面临着贝特曼所面临的同样的沟通问题。每天都有不被倾听的遭遇，因为听我们说话的人同时做着其他的事情，我们甚至对此不再感到惊讶。

我们已经证实，多任务处理会浪费时间、降低效率、犯更多错误、忽略重要信息并且倾听效果不佳。简言之，它会损害你的社会关系。多任务处理与社交的高明完全相反。

似乎这还不够，它还会让你脑袋里的灰色朋友慢慢过热。在我们这个社交媒体时代，我们生活在一种独特的多任务状态中，更广为人知的说法是持续分散的注意力，在这种状态下，我们不断地跟踪每件事，却从不专注于任何一件事。

摆脱这种持续分散注意力的状态，并重新集中注意力的一个方法就是放慢速度。不管你是否错过了最后几个小时收件箱的信件，还是新闻网站更新，这都没关系。试着从你的词汇表中去掉“匆忙”这个词，以及它所有的同义词，比如“急切”。作为孩子的家长，我很确定这些词占了我演讲的三分之一，我相信我周围的人不会介意我时不时“匆忙”一下。有时候你很难不这么做。

但我永远不会忘记那个在迪拜为我开门的男人。他和他的家人进入一家旅馆，当他看到我正朝同一扇门走去时，在他的家人进来后，他为我开着门。问题是，我离门有六七码[①]远。因为我不想让他久等，按照瑞典人的习惯，我一路小跑，跑到门边。当我到达的时候，我受到了一种温和的责备，他说：“先生，不要着急。”

我当时是怎么想的？如果我走得太慢，那么他会关上我面前

① 1 码≈ 0.91 米。——编者注

的门吗？我对他的看法是什么呢？一个陌生人表现出善意的行为？我匆忙的脚步毫无理由地削弱了他的姿态。所有这些都是因为我决定省下各自两秒钟的时间。

不要着急。

无论如何你会成功的。不着急会让你少喘气，保持稳定的心率，你会因为你的沉着得到别人的尊重。

拒绝匆忙，除了使人更愉快，对大脑的负担也更轻。当你的注意力不断分散时，你大脑的压力就会不断升高。你将不再有时间去反思、思考并做出深思熟虑的决定。你会一直处于紧张的状态——时刻准备着手机下一个新消息提示，你的注意力都集中在别人在做什么上。而我们的大脑并不是为了维持这样持续的监控状态而构建的。一段时间后，这种持续的紧张状态会导致大脑陷入一种特别的疲劳中。许多在网上连续工作数小时的人都说，后来，他们的工作中开始出现错误。他们完成工作的时候，会感到筋疲力尽、烦躁不安、心烦意乱，就好像他们在数字迷雾中移动一样。加里·斯莫尔是加州大学记忆与衰老研究中心的负责人，他把这种精神压力称为科技耗尽脑力。这听起来像世嘉公司16位辉煌时代的精彩游戏。但它是真实存在的，斯莫尔认为它是一种未来的流行病。当你遭受这种精神压力时，保持注意力分散的任何潜在优势都会立即消失。你的大脑开始向你的肾上腺发送信号，告诉它们分泌能削弱你思考能力的压力荷尔蒙。这也改变了海马体中神经元的激活特性，海马体负责调节焦虑、抑郁等情绪，以及你不知道自己是谁的情绪。哈佛大学的萨拉·梅德尼克观察到，长时间的科技耗尽了脑力甚至会改变大脑的生理机能。

这听起来不太好。

我准备好承认，在某音乐网站上的歌曲 MV《不能拥抱一只猫》的 37 900 768 次观看中，至少有 30 次是我看的（上次我查过）。然而，新技术提供的事物可能让你意识不到线下发生了什么。这种意识对于提高你的社交技巧至关重要。

我试着不再看《不能拥抱一只猫》，但这很难。

放弃匆忙，避免分散注意力，保持专注，这是回归与内心联系的好方法。下次和朋友共进午餐、喝咖啡或喝饮料时，计划出 5 到 10 分钟的应急时间。不要在最后一刻发短信说你在路上，还谎称你在哪个车站。要比平常更轻松。如果结果是你不需要额外的时间，而且你比约定的时间提前到达，不要打开手机。带本书或杂志——或者什么也不做！我知道最后一个选择有多难。我有一个朋友，我们出去喝酒的时候他经常和我玩一个游戏。比如，当我们中的一个人单独待一会儿，另一个人去洗手间的时候，这个游戏就是看你能在酒吧等多久，而不用把手机拿出来让自己看起来很忙。每当我们中的一个人拿着手机被抓的时候，这就意味着他必须进行下一轮比赛。而能做到这一点是极其困难的。几年前，体育记者杰森·盖伊在 Twitter（推特，一家美国社交网站）上写道：

“这家咖啡店里有个人坐在桌子旁，注意力不在他的手机上，也不在笔记本电脑上，他只是在喝咖啡，像个精神病患者。”

当然，没有人想成为一个精神病患者。今天，向周围的人发出尽管我们可能看起来很孤单，但我们有很多朋友，我们很忙的信号的方式就是——用手机发送信息或者看 Facebook。我们很忙；不忙的人一定是孤僻者和疯子，对吧？

这并不容易，但可以做到。我和我的朋友在这方面慢慢地做得越来越好。此外，有足够的勇气带一本实体书（比如这本书）做一个不合时代潮流的人会为你赢得 1 000 个奖励积分。

如果你可以集中注意力，让你的大脑放松片刻，你就会达到社交技巧所需要的精神状态。你将能够专注于你与周围人的关系，你就能注意到你内心的想法。而且，你将能够更好地分析发生在你身上的事情，这是你在获得社交关注的道路上面临的下一个障碍：那些没有计划却发生在你身上的事情。

## 积极心态的价值

我想继续谈论积极心态的价值。原因是现实并不简单地由你的想法形成，而由你内心的感受形成。你的情绪不像你想象的那样脱离你的控制。

你可以认为自己很幸福，就像记住一句对你意义重大的赞美时的感受。

你可以认为自己很抑郁，就像你的情侣抛弃你时那样耿耿于怀，开始怀疑自己是否值得被爱。

你可以认为自己很愤怒，拒绝接受不公正待遇。

你可以认为自己很平静，通过冥想或活在当下。

你的情绪以一种非常具体的方式影响着你对自己能力的认知。因此，了解导致情绪状态的因素非常重要，这样你就可以控制情绪并保持积极的精神状态。我并不是建议你无论什么情况下都在脸上露出灿烂的笑容。积极的心态并不一定意味着你总是快乐的，而是意味着要以一种建设性的积极方式来应对压力。因为压力会来找你，而你无法控制。你唯一能控制的就是如何应对这些事情。

你对世界的反应取决于你认为自己能够在多大程度上左右影响你行为和生活的事情。换句话说，你的经历取决于你对发生在自己身上的事情的控制程度。当你感到压力并且脆弱的时候，那是因为你缺乏对事情的控制，或者因为你被外部因素控制。我可以向你保证，在那些让你感到自己对处境影响最大的领域，你会体验到最大的满足感。

问题是刚刚发生的所有事情。有时候，意想不到的事情会让你生气，让你陷入困境，即使你觉得这真的不是你的错。在你确实需要去邮局取一个重要包裹的那天，邮局正好提前关门。或者，你的网络连接在你打算支付账单的那个晚上坏了。但现在你知道了，你对这些事件不是客观中立的，你对这些事件的解释做出了回应。你开始对懒散的邮局工作人员产生消极的想法，他们不尊重邮局的营业时间。你因为逾期付款而受到惩罚时，你会对你的债权人生气，因为你支付账单太晚不是你的错。也就是说，你的反应是基于你对事件的理解。

这样，你的解释不仅控制了你的情感生活，还控制了你对整个世界的看法。你甚至很难意识到你对事情做出了自己的解释，因为它将基于你在成长过程中积累的价值观，你的世界观、自我形象以及其他一些东西。但是，这并不一定是真的。

如果我们总是倾向于积极地看待我们所经历的事情，这就不会是个问题。不幸的是，事实恰恰相反：我们倾向于通过一个过滤器来看待事件，并且关注事件可能给我们带来的可怕后果。然后，我们把它和现实混淆了。很遗憾，因为过多解释可能会导致更多的行为，并导致对我们自己的不同看法。

你的世界观是由大脑有选择性地接收到的信息决定的，如果考虑到一天里给你留下印象的众多事情，大脑选择的信息非常有限。早些时候，我曾写道，大脑对拒绝或关注的信息很挑剔。感官对于传递给大脑的信息也非常挑剔。如你所知，如果你的眼睛、耳朵和其他感觉器官把接收到的所有信息传递给大脑，大脑就会收到超负荷的信号。为了让你能够读懂这些段落，你的眼睛需要集中在这种印象上，而不是其他。然后，你的大脑必须判断出这个信号比你刚刚听到的声音更有意义。一旦选择了信息，大脑就会创造出自己对印象的模拟，并将其置于更大的情境中，同时触发适当的情感联想。到那时，你才会意识到发生了什么。这一过程的自动性质意味着，你的心理反应可能会变得像走路或拿起咖啡杯那样的身体行为，具有习惯性并且是无意识性的。过了一段时间，你就会产生一种反射，这种反射会导致某种行为或印象引发你内心的某种情绪或想法。这些都将与你对世界的看法密不可分，它们共同构成了你对事情本质的个人看法。

然而，很容易看出这种假设看待事物时的错误。毕竟，如果你的解释是正确的，每个人对一个事件的反应都是一样的。正如你在关于情感一章中读到的，这远非事实。让你高兴的事情可能会让另一个人迷惑，甚至吓到第三个人。同样的事件因为三个不同的想法而意义不同。例如，这件事情可以是开始一段对话。如果你确信她忽视了你，你会因为尴尬导致紧张，甚至希望能够逃跑。但如果你确信她不想说话也没关系，因为你可以直接跟别人说话，这不会让你紧张；相反，你会处于积极的精神状态。这就是对同一事情的不同反应。

## 如何找到更好的解释？

也许你经常说发生的事情“让”你有某种感觉：

“当你这样玩刀时，我会感到紧张。”

当你这么说或者这么想的时候，你就会把你的负面情绪归咎于自己以外的事件，而不是情绪的来源：用的是你自己对这些事情的看法。

用来检查你是否把这种责任归于外在原因的一个简单方法就是问问自己：“有什么证据表明这件事让我紧张？”你找不到任何证据。在“事情”和“情感”之间没有因果联系，除了那些你主观上决定的东西。（不包括某些身体功能。）你相信存在一种直接的、客观的联系，因为你自动而迅速地做出了反应，就像一个情绪化的傀儡。但这仅仅意味着你很快就表达了对事件的理解，而不是没有进行解读。

幸运的是，你可以找到新的解释。有几项研究表明，了解这一点就足以让你从无意识的反应中解脱出来，即使处于过去常常困扰你的情况中，你也不会那么焦虑。

现在，这里可以反对的是，任何信念都肯定来自某个地方。你不希望你试图联系的人无缘无故地忽略你，是吗？在某种程度上，是这样的。当然，你的这种信念可以用实证来支持。例如，你可以尝试使用相同的方法 50 次，每次都得到相同的结果。所以，你运用演绎推理假设下一次也会发生同样的事情。①

但你不太可能真的经历过这个过程。更有可能的是，你的信念是建立在许多因素之上的，而这些因素中没有一个或只有几个与当前的情况相关。你可能会从与自己的自我形象（“我值得跟你说话吗？”）类似的事情中得出结论，而这些自我形象又会受到你在成长过程中学到的价值观（“不要和陌生人说话！”）的影响。互动体验一般还包括你过去的经历（“在办公室没人听我说话”），从流行文化中获得的印象（电影中人们面对拒绝时的尴尬场景——或者更糟糕的是，遇到非人性化的场景时你绝不会像克里斯·帕拉特那样温文尔雅），最后是五年前你被忽略的痛苦的记忆。这种情绪现在被重新唤醒了，尽管那是一个不同的人，不同的地方，尽管从那以后你也成长了很多。于是，你走开了，哼着那首史密斯的歌，歌中唱道：“你一个人站着，自己离开，然后回家，你哭着想要死。”尽管你从来没有试过！

我并不是说你的想法毫无根据。但从另一方面说，仍然没有证据证明这是真的。

---

① 关于这一点的科学证据不是很充足。某件事发生过一次并不能保证它会再次发生。特别是出现新的情况时就更不会发生了，比如见到一个你以前从未说过话的人。

你的身体让你露出破绽也没有什么帮助。一旦你开始告诉自己某件事将会是一场糟糕的、恐怖的、可怕的折磨，你的身体就会产生压力荷尔蒙，由此带来的焦虑飙升让你感到非常不舒服。现在，如果你避免让自己感到痛苦的事情，你就会立刻从焦虑中解脱出来。但你也会回到你开始的地方，而且没有任何进展。例如，如果你决定坚持到底，通过和那个人交谈，你身体里所有的紧张感会让你的行为和你希望的不一样。令人讽刺的是，当我们最需要成功的时候，我们获得成功的能力却是最弱的；当我们集中精力不想说错话的时候，却常常会错话连篇；当我们拼命想在考试中取得好成绩时，记忆却变得一片空白。

那么，解决的办法就是找到一种对事件的替代解释，这种解释从一开始就不会引发这些负面的破坏性的反应。

当你练习寻找不同的解释时，你也应该好好考虑一下用来描述你当前世界观的词语。即使你仍然相信有些事情会变得“糟糕”并且“可怕”，你也可以把这些词换成“不舒服”或“不幸”之类的不是那么激烈的词。一些心理学实验表明，当人们自言自语时使用不太激烈的词语，焦虑水平会明显降低。这可能是因为不激烈的词语不会像较激烈的词语那样在大脑中触发应激激素分泌，而被触发的记忆不会像与较激烈词语相关的记忆那样痛苦。简单地说，你可以通过简单地换掉一些词语来让自己感觉更好。然而，这里的目标是形成一种新的信念，它会让你从消极情绪中解放出来，并给你动力。

有意地选择特定的解释意味着你在掌控你生活的某个方面，这可能是你到现在为止都没有看到的。控制你的世界观以及你对它的反应，是你通向有意义的存在之路的重要步骤。作家乔治·萧伯纳在写这篇文章时一针见血：

“人们总是把自己的现状归咎于自己所处的环境。我不相信环境。在这个世界上取得成就的人，都是努力去寻找他们想要的环境的人，如果找不到所要的环境，他们便自己创造环境。”

我们很容易认为这不是你的错，你已经尽力了，你只是不幸环境的受害者。把自己的责任转移到别人的身上感觉很好。但事实上，责任永远不会离开你，一刻都没有离开过。你能做的就是交出对自己和自己的情绪的控制，责任永远属于你自己。就像联合国代表埃莉诺·罗斯福说的那样，没有人能在未经你同意的情况下让你感到自卑。

## 找到积极态度的方法

曾经，智者相信个性完全由基因决定。但事实并非如此。以前认为是固定不变的个性特点已经被证明很大程度上是可以学会的。就像你曾经学会走路一样，你也学会了世界上的哪些事情对你来说代表了真理。积极的心态与其说是你“拥有”的东西，不如说是你学到的东西。通常，看似纯粹的意志力实际上是一种学习后得到的技能，技能都是通过实践获得的。这里有四种方法可以让你在难以振作起来的时候树立积极的心态。

### 方法一：确定积极因素

试着在任何情况下发现某些好处、优势或效用。当你面临挫折时，这一点尤为重要。我知道，“往好的方面看”听起来不错，但它可能并不能反映出这个世界是如何运作的。记住我刚刚让你做的：“总是努力发现某些好处、优势或效用。”这并不容易做到。有时候，你必须认真努力。要想了解其中的含义，你可以现在就试一试。回想一件根本没有像你希望的那样顺利进行的事情。继续思考这种情况，直到你发现你确实收获的益处。它可能是一些比预期更好的细节，也可能是一种在未来对你有利的体验，即使整个事件是一场灾难。如果你理性地思考，这件事可能在未来会对你有利，即使你现在的感觉并不是这样。或者，这可能是下次做什么的一个重要的教训，也可能是你和你喜欢的人建立了新的联系。我就在这里等你，直到你发现积极的因素。

不要放弃。你会发现这些积极因素的。

如果你真的实践了，我猜这是一个挑战，甚至会让人筋疲力尽。幸运的是，既然你已经实践过了，下次你会发现做起来更容易。每次你这样做的时候，都在训练大脑在你所经历的一切中寻找一线希望。最终，你不需要有意识地做到这一点（即使偶尔给大脑提醒也是有用的），它将成为你对事物默认的看法。

### 方法二：关注任务

如果你要做一些会让你非常难过、伤心、害怕或生气的事情，就像你现在知道的那样，那种情绪状态会阻止你以喜欢的方式完成任务。解决这个问题的一个技巧，正如你刚才读到的，是用较为缓和的语言描述这些情绪。另一个技巧是专注于手头的任务，而不是它带来的情绪。要想完成蹦极跳，最好把注意力集中在系安全带的技术方面，而不是集中在你有多害怕上。如果你有一份麻烦的活动文件需要提交给福利机构，你可以把精力放在下载、填写、邮寄上，而不是以你对某人（或对你自己）的失望来看待整个活动。

这会让你更容易避免陷入对任务的恐惧或失望之中。相反，你可以把注意力集中在任务完成后为你带来的新的可能性上。

### 方法三：改变态度

这个技巧是我个人的最爱。前两种技巧是用来在特定的情况下使用的，但是这一种是对自己采取新的态度。当事情进展顺利时，不要惊讶，相反，把成功和幸福当作你的基本状态。任何负面事件都只是你通往不可避免的积极成长道路上的暂时障碍。①

毕竟，对你来说，难道成功和幸福不应该成为你的平常生活？难道你不应该得到这么多？当然应该。任何一种让你感到不成功和不幸福的想法，都源于被你过去的人生观削弱了的自我形象。但你知道，

---

① 在这方面，你的大脑是你最好的朋友。人天生就会产生一些被称为积极幻觉的东西，我们对自己怀有的这些积极幻觉，通常会让我们认为自己比实际情况好一点点。比起有根据的实际情况，我们更愿意相信我们是好司机，擅长弹吉他，并且比实际上聪明。这一理论认为，正是这些积极的幻想让我们敢于尝试新事物、踏入未知世界，因为我们对自己的成功能力有点过于自信。当然，我们的积极幻想不能过头；一旦你一直这样想，事情很快就会变得不合适。然而，在某种程度上，这样想对你也有好处。

这种人生观并不正确。你可以忽略它，然后构建一个你更喜欢的人生观。

这种消极的情绪有时会持续数月甚至数年，但这是暂时的。你的任务总是要回到积极的默认的世界观上。不得不说，要做到这一点，我们中的一些人比其他人更难。我们当中约有三分之一的人生来就比我们的同胞更消极。但是这并不意味着你的世界观一定就是消极的。这只是意味着你需要比那些生来就拥有积极心态的人多练习一点儿。正如你所知，特征不是预先决定的，而是归结于你认为你应得的。现在，认为自己应该成功和幸福听起来像一个好的开始，对吧？

### 方法四：对危险保持现实的态度

当你面临一项你不确定是否有勇气去完成的任务时，最后一种方法就是客观、理性地问自己，现实中最糟糕的结果会是什么。忽略所有出现在脑海中的情绪反应。如果你在克服这些不舒服的情绪时遇到困难，你可以去问一个与这件事没有感情关系的朋友。当你确定了最糟糕的现实后果是什么时，继续问自己，这种潜在后果发生的可能性有多大。最后，问问你自己，你是否能接受这样的结果。

你可能会得出这样的结论：最糟糕的结果是可怕的，发生这种结果的风险大到令人不安。然后，你就会知道不要继续了。但更有可能的是，最糟糕的结果远没有你想象的那么可怕。通常情况下，它只会造成只有你才注意到的脸红和尴尬。这种情况发生的风险可能并不像你一开始想象的那么大，在你冷静地思考这个问题之前，一旦你意识到这一点，你就不用无缘无故地去对付那些烦人的压力荷尔蒙了，你也就不会那么焦虑了。这也会降低你想要避免的结果发生的可能性。

## 不要试图取悦所有人

要获得社交技巧，你需要克服的下一个障碍是你想要完美并且取悦每个人。但这是可以理解的需求。我们都希望得到他人的喜欢，想成为一个对我们生存至关重要的群体中的一员。这是一种生存机制。这就是为什么你希望满足人们对你的期望。虽然这是一种健康的基本态度，但你不应该在任何情况下都努力做到这一点。因为当你是真实的、真诚的、完整的自己时，我敢肯定你会遇到不喜欢你的人，不喜欢你做的事的人，或者想要改变你的人。人们会在背后说你的坏话，因为你代表了他们害怕的东西。

因为我自己的志向是在书籍和电视节目中传播科学知识，同时也将自己称为心理学家，并在舞台上作为心灵阅读魔术师，所以我经常会遇到这种情况。显然，我坚持做这两件事的事实对一些电视评论家和喜剧演员来说极具挑衅性，他们毫不犹豫地表达了对我的不满，而且不打算理解我在做什么。这事发生在我身上的最初几次，我感到失望和沮丧。但随着时间的流逝，我开始意识到这一切都是可以理解的。

这种针对我的消极情绪，实际上是表明我在做事的一种迹象，表明我找到了一条不那么容易走的路。当你走自己的路时，总会有很多人告诉你这条路不对，因为他们自己没有找到这条路，认为这条路走不通。如果你遇到的每一个人都给你积极的反馈，那么你很可能就不是你自己了。

事情是这样的：不是所有人都喜欢你，那也不是世界末日。用理性的术语可能很容易理解，但我从经验中知道，在情感上接受这件事可能要困难得多。但没有人是会得到所有人喜欢的。当忠于自己的时候，你至少会有一个让别人感到沮丧的特点，这本身不是问题。当别人对你的反应不像你希望的那样时，如果你生气、难过或痛苦，问题就出现了。我们有一个坏习惯，那就是我们的自信是建立在别人给我们的特定反应上的，这使得我们很容易去寻找我们想要的反应。我们调整自己的行为得到我们喜欢的回应，不惜任何代价，并希望取悦尽可能多的人。

我们努力做到“友善”。在这种情况下，这实际上只意味着顺从。好孩子安静听话地在教室里坐了 6 个小时。善良的成年人无论别人说什么或想什么都会同意。“让我们做你想做的。”“然而，以这种方式表现的友善会付出极大的代价。”研究表明，我们不喜欢好人。一开始，我们会觉得他们在身边很愉快，但我们对他们的积极感觉很快就会消失。一个人总是表现得很顺从，就会给其他人一种无意识的负罪感，因为他们一直都是这样。这使得“好”的人成为人们愤怒、怜悯和最终蔑视的目标。（真的！）我们大多数人都喜欢和坚持自己观点的人在一起，不管别人是否同意他们的观点。我相信你一定听说过一段感情因为某人“太好了”而破裂——从不争吵，从不要求任何东西，总是同意所有的事情。这样的人的问题是，真正意义的他不存在了。如果你感到孤独或绝望时你从来没有告诉过你爱的人，你就没有给他们机会去了解你的这个方面。这很有可能是因为你认为如果他们知道你的真实想法，他们就不会那么喜欢或尊重你。然而，不断地展现自己粉饰过的一面是很困难的。

这也是为什么我们不觉得自己真正了解社交网络上的朋友，似乎缺了点儿什么。如果我们试图隐藏自己的一部分，最终就会把自己完全隐藏起来。然后，我们向人们展示自己的一面将会显得毫无生气并且乏味，即使你表现为一个友善的人。

如果你不再总是试图满足你被人欣赏的需求和被喜欢的欲望，你的谈话（和你的个性）将会更加令人兴奋，因为你将开始谈论你的真实想法和感受。你不必仅仅因为你不再受别人的意见控制而成为一个傲慢或粗鲁的人。这意味着你不会让批评和赞美左右你的行为。

有一种沟通模式，将他人的期望与你的实际行为结合起来，分析当你尝试（或不尝试）取悦别人时，别人会如何看待你。

这个模式实际上是为其他情况设计的，而不是我们在书中讨论的情况，但我认为当你试图在友善和表达真实个性之间找到平衡时，这个模式是有价值的。

如果你说：别人期待的事＋他们不想听的

你是：意料之中的失望。

“你真的打算再吃一块饼干吗？”

如果你说：别人期待的事＋他们想听的

你是：意料中的马屁精。

"天哪，太美了！"

如果你说：别人不期待的事 + 他们不想听的

你是：麻木不仁的混蛋。

"我不敢相信你变得这么胖了！"

如果你说：别人不期待的事 + 他们想听的

你是：自信、细心的人。

"我记得几年前，你说你打算今年春天求婚，你是怎么做的？"

如果你在展示真实的自己时，出现了更多的负面形象，那么这并不是世界末日。不太可能产生你所担心的后果，因为其他人和你一样都是高度关注自己。这听起来有点儿矛盾，我来解释一下。首先回答以下问题：和其他人相比，你觉得自己有多幸福？你是否比周围的人更快乐？

在心理学研究中提出这个问题时，人们给出的答案往往是基于他们在你问他们的时候是如何感受快乐的。这似乎是合理的，对吗？我相信你是这么想的，但这还不够。你忘了考虑别人的幸福程度。大多数人说他们大部分时间都很快乐或者至少很积极，因此，他们往往会说他们大多数时候比其他人更快乐。

我很高兴听到你这么开心，但如果别人也很开心，你那么快乐并不意味着你比别人更快乐。心理学研究表明，我们对所有常见的情绪都采用同样的错误推理：我们认为自己总体上比其他人更情绪化。原因很简单，我们考虑自己更多。不管你无私地为多少慈善事业奉献你的时间，事实上，你总是以自己的思想为基础。即使我们被鼓励去考虑他人，比如上面的例子，我们的注意力也还是集中在自己身上。所以，如果你觉得我在这里透露了一个关于你的不好的秘密，你可以放松。很有可能，你的这种不讨人喜欢的一面几乎不会被别人注意到。就像天才作家大卫·福斯特·华莱士写的："当你意识到别人很少考虑你的时候，你就会变得不那么在意别人怎么看你了。"

放弃做一个好人并不像听起来那么容易，因为你可能花了很大一部分时间去想别人希望你说什么，成为什么样的人或者做什么。摆脱他人的意见是需要一段时间的。然而，是时候了。如果你处于一个想领导别人的位置（你可能是一家公司的经理，经营着一个剧团，或者想让你的建议在家里赢得支持），你必须表明你不会受到他人评判的影响。那些不愿成为自己所处时代和地点产物的、创造自己的愿景或设定自己独特目标的人，才是我们喜欢追随的人。

当你以这种方式让自己独立时，你将不仅仅感受到获得的力量，它也会让你更有创造力，因为你不用在赞同别人的观点之前用别人的看法来衡量自己的想法。19 世纪初，德国哲学家弗里德里希·黑格尔指出了做自己和获得个人成功之间的联系：

"独立于公众舆论是成就伟业的第一个正式条件。"

## 不必时刻保持完美

有时，你可能会在谈话中感到不舒服，在讨论之前需要深吸一口气，这可能是因为讨论的正是关于你和你是怎样的人的话题。这个话题会让你的自我形象处于危险之中。以薪资谈判为例。从表面上看，这样的谈话是关于金钱的。但你对自己专业技能的看法也面临着考验。如果你的老板给你一个不应该加薪的理由呢？这会对你的称职、受人尊敬的形象造成什么影响？一个看似简单的问题，比如在酒吧里请人喝一杯，也可以让你了解自己是不是一个值得花时间与人相处的人。这些对话会破坏你对自己的认识，希望你不是这样的。

这就是一想到某些遭遇你就会如此紧张的原因。你害怕这些事情会让你对自己有什么看法。你认为自己善良而不吝啬，慷慨而不自私，能干而不浮躁，你也更愿意继续这样看待自己。问题是大脑经常以相反的方式思考。如果你不是一个从不让别人失望的人，那么你肯定是一个总是让别人失望的人。如果我们不能成为英雄，我们就必须成为恶棍。但现在不是这样了。如果你不是一个从不让别人失望的人，那就意味着你有时候会让别人失望。当然，事实是我们两者都有一点儿。大多数时候，我们让别人快乐。有时候，我们也让他们心烦。在某些情况下，我们是理想的伙伴。我们很好，也很坏——有时两者兼而有之。

即使事情没像你希望的那样发展，这也适用。你不必每次都成功。所有成功的人，有时也会失败。这是整个概念的一部分。另外，你之前的失败并不能说明下次事情会如何发展。失败是生活的一部分，也是成功的代价。总是认为自己非常有能力、非常完美是没有建设性的。这样，你就不会留下任何犯错的空间。此外，如果你在各方面都很完美，然后发现自己可能犯了错误，你最终会面临严重的自我形象损坏问题。如果你不承认自己偶尔会把事情搞砸，你就很难理解别人对你产生了什么看法。保持完美的自我形象的唯一方法就是否认所有与之相反的信息。不想听到批评，你就需要花精力弄清楚为什么这不合理，为什么这并不重要，或者为什么你所犯的根本不是一个错误而是一种遗憾，因为你收到的信息可能对你的成长很有价值，只要你愿意接受它。

此前，我们讨论了如何把成功和幸福视为你的基本状态。你仍然应该那样做。然而，你不需要达到这个范围的极限。成功是一个持续的过程，而不是静态的完美。

完美主义还有另一个消极的方面：要求完美的环境才敢承担风险。我们觉得在没有完全准备好之前我们不能做某些事，我们要先做一百个小时的练习，并且房间温度在理想温度的半度之内。或者，我们要联系的人必须满足一些特定的标准。

虽然这些听起来都像成功的最佳条件，但生活并非如此。总有一些地方会出错，总有一些情况不是最理想的。[①] 一个完美主义者发现错误的方式就像一个偏执狂看待威胁，或者一个疑心病患者看待细菌的方式一样。人类的存在永远不可能是完美的，所以如果你在

① 如果你是一个女人，并且曾经有过想要为你一起生活的男人生孩子的冲动，你可能已经看到了这一点。你可能会听到这样的话："当然，我很想和你生孩子，宝贝。但不是现在。我们应该等到我离开学校，挣更多的钱，或者我们搬到一个更大的地方，或者我不用这么辛苦地工作，或者我们已经完成了我们一直在谈论的旅行，或者我们结婚了，因为今天早上我皈依了天主教或者以上这些情况都存在。"然后，你应该提醒他，最佳时刻永远不会到来。你只能把握现在。

寻找完美，你会不断地为什么都不做找到借口。

不幸的是，人们这样浪费时间并不罕见。原因是他们害怕做错事，害怕失败。这些人无法理解的是，他们所寻找的最后一块完美拼图实际上是已经完成的体验。他们可能会责怪其他情况，但这些只是借口。假设你要演奏钢琴协奏曲，而不确定自己是否真的了解即将演奏的音乐。在音乐会开始前，你担心没有足够的时间去练习。最后，你甚至可能取消表演。但是，在不理想的情况下演奏乐器会让你感到焦虑，实际上是因为你还没有演奏乐器的经验，因此不能保证事情会按照你希望的方式进行。除非你已经有了这种经历，否则情况不会完美。

在这种情况下，这些人对完美的要求是自我实现的：因为他们从来没有尝试过任何事情，他们从来没有做错任何事情。这允许他们继续坚持认为自己的完美形象，因为他们的经历（或者更确切地说，缺乏经历）支持这一点。不幸的是，他们永远不会因为在新的领域获得成功而感到兴奋，而这是人类成长的先决条件。

你会犯错误，事情不会总是像你想象的那样。但那又怎样？如果你承认事情出了差错，你就不必担心自己看起来软弱无能。事情实际上并不是这样的：有能力的人允许自己犯错误，这种可能性被认为是值得信赖的，并且是安全的，而那些拒绝承认他们可能会犯错误的人被认为是没有安全感、自尊心不强的。没有人会被他们的坚持欺骗，他们坚持的每件事都是应该的、现实的。

## 尝试接受负面信息

如果你想在沟通中运用社交技巧，你必须能够接受任何类型的信息，并允许对话在此基础上进行新的、有意义的转变。因此，对负面信息视而不见是破坏性的，即使这些信息是关于你的。这些负面信息迟早会出现，就像奇妙宇宙电影结尾的额外场景一样。你迟早会遇到自己不喜欢的信息。

你想要听到的和你听到的内容之间的差距越大，就会越不愉快。你需要学会接受这些新信息，并以某种方式把它变成你自我感觉良好的一部分。首先要弄清楚为什么你不喜欢你所听到的东西，以及在你的反应中是否可以发现某种模式。

那些会让你紧张自我形象的事情可能不会让我感到震惊。你可能会对你不是一个好的程序员的说法很敏感，因为这是你的工作，而我会对孩子的失望很敏感。我们都有弱点。如果是这样你的反应确实符合某种模式，那么考虑一下它可能是由什么引起的，以及如何打破这种模式。你是否需要接受一些关于你自己的东西，或者你更需要找到一些新的、建设性的解释？

> 如果你想成为一个更积极自信的人，从错误中学习，然后放手。不要否认它们，但也不要对这些错误耿耿于怀。相反，你应该坚持下去，享受你的成功。庆祝小的胜利并承认自己的成就是你建立对自己和自己能力信心的重要方式。这些小成功的累积，会向你证明你真的有能力。

接受负面信息并不意味着你在削弱自己的形象。它的作用是增加细微的差别。如果你不再需要在完美和无用之间做出选择，你会更容易发现你究竟是什么样的人。你会看到哪些情况下你是聪明的，哪些情况下你是不聪明的，哪些情况下你的意图是高尚的，哪些情况下你是心情最好的，哪些情况下你是心情最差的。因为我们看重的是敢于做自己的人，而不是力求完美的人，如果你这样做了，你会得到更高的评价。

当然，总有一些人天生就会抱怨别人，因为解决自己的问题太难了。你仍然可以碰到这种人。但正如有人曾经说过的：

**做你自己，说出你的想法，因为介意的人不重要，重要的人不会介意。**

你无法保护你的自我形象免受偶尔的伤害。生活是一场与你同在的摔跤比赛，这就是你成长的方式。不管你能活多久，不管你取得了什么成就，不管你在某件事情上有多出色，不管你赚了多少钱，不管你变得多出名，这些都不能保护你免受这些挑战。你与自己、与他人、与世界的关系将不断受到考验。你只需要处理它。所以，允许自己出洋相吧。并不是你的每一次沟通都是完美的。当事情出错时不要激动。相反，要弄清楚应该从中吸取什么教训。丹尼尔·温德勒曾说：有时候你会赢，有时你会学习。

我希望，读过这一章的你，会对你在获得真正社交技巧的道路上所面临的障碍有一些见解。也许，你甚至有点儿惊讶，你日常行为的许多方面都限制了你进行有意义沟通的潜力。这些障碍就是为什么我们当中很少有人费心去经营社交技巧，却能给我们留下如此深刻的印象。

如果你觉得这些描述中的一个听起来很真实，那么你已经为改变自己做好了准备！但是，我不能强迫你去做。即使我能，我也不会。在你能改变自己之前，你必须想要做出改变，你必须知道为什么需要改变，仅仅觉得你应该这样做是不够的。我们总是在做我们认为应该做的事情。我们知道我们应该戒烟，所以我们试一试，然后放弃了。因为尽管我们应该这么做，但我们并不想这么做。但我希望到目前为止，我已经给了你一种强烈的愿望去纠正你行为中的那些阻碍。说到社交技巧，你不可能仅仅通过阅读来学习，你必须让对社会的新理解成为你日常生活的一部分。

***

一旦你找到一个更有建设性的想法，你会注意到自己对周围发生的事情有了一些了解，甚至可能更多。当你的大脑不需要经常思考自己时，就能更好地接收外界的信号。这些信号你以前可能都没见过。这种新的意识，连同你的共情能力，将在下一章扮演一个决定性的作用，它让你轻松有效地驾驭人类互动中两个最困难的领域：影响他人的行为，以及冲突即将来临的时刻。

你总是处于不断改变的过程。

事实上，你在过去怎样做某事，并不意味着你必须一直那样做。那个概念是错误的结论，是从错误的推理中得出的。你过去有过那样的经历，那只意味着你以后再做同样的事情会更容易，因为你知道怎么做，而且你的大脑很懒。但做其他事情仍然是你自己的选择。

## 第7章

# 如何影响他人

扰乱人们的不是客观事物，而是人们对客观事物的见解。

——爱比克泰德

没有什么事是好的或是坏的，人的观念使其有所不同。

——威廉·莎士比亚

## 引领他人去他们想去的地方

当掌握了社交技巧后，你就不再是一个只会开始对话的人和别人喜欢交流的对象。你也能成为别人倾诉与信任的对象，换句话说，你就是别人的领导者。在过去的几年里“领导”和“领导关系”这两个词在文学中非常受欢迎，这并非巧合，这是一个有趣且重要的话题。从另一个方面来说，“领导”和“领导关系”这样的概念只是应用在企业与各种机构的关系中。事实上，所有社交圈都有领导者。当你有事情要做时，并且这个事情涉及你以外的人，你要么充当领导者的角色，要么让别人当领导，哪怕只是选择看哪一场电影。当你想完成一件事情时，你要么充当领导者的角色——或者让别人来做。就算你选择不当领导，别人也可能和你有一样的想法，并不是所有人都喜欢成为关注的焦点。另外，领导者的角色并不能确保你会成功，尤其是在你不懂社交技巧时。所以这一点是毋庸置疑的，领导关系，无论好与坏，都是人类相互沟通过程中的重要组成部分。

当你把书中提到的技巧完全融入自己的自然行为之后，你会发现自己担当领导者角色的可能性比以前更大了，因为人们更想将重担交付于你。所以，在没有深入了解领导理论之前，让我们看看如何在这种情况下使用社交技巧，帮助他人提升自己，并在这个过程中得到自己想要的。

如果你很难让别人听你说话或做你想要做的，那就要明确你要针对的人是谁。大多数人都是把自己的愿望指向无形的某个人。“有人能添点儿咖啡吗？” 每一个人都认为这个主意不错，应该会有人回应，但实际上添咖啡的是“有人”的姐妹“没人”。

我以前犯过这样一个错误，在一封同时发送给四个人的邮件中写道：“你能尽快看看这个吗？”四个人全部回复说：“没问题。”然后他们都认为其他三个人一定会看。预料之中的结果便是没有人回复我。

在你和他人讲话时，不要在旁边的房间里向他们喊话。尽可能地进行眼神交流，称呼别人的名字，这样就可以让大家清楚地明白你在同谁讲话，你需要他做什么。

## 最重要的事是给予

有时候，你和别人对话是想要别人做出改变。看到别人的不雅行为，你想让他不要这样做，或者看到某人做了好事，你想鼓励他继续做下去。你可能想要带领一群人实现某个特定的目标，又或者你想鼓励他人做一些他们从未做过的事。

既然我希望你能够拥有非凡的沟通能力，那我们应该看看提出批评和反馈等方面的问题，尤其在你需要向某人讲述的事并非全是正面的事情时。就像恭维一样，接受和给予反馈一样困难。有关这方面的书籍数不胜数，但你需要知道的最重要的事情是：**给予**。

首先，确认可以给予反馈。这只能是你的建议，切勿强加于人。如果想让他听你说，就不能强加于人。可以使用以下的问题：

“刚刚发生的事情，你能发表一下评论吗？”

“我能告诉你我们的反应吗？”

“对于今早你的表现，现在给你一些反馈方便吗？”

然后，确保时机合适。如果你不得不在工作场合给某人负面反馈，而且还是在早晨，那你的话可能会影响他一整天，包括他与同事和客户所有的会谈。这会造成许多不必要的紧张。所以，像这样的负面反馈最好是下班的时候进行，这样他回家后还可以对你所说的话进行反思。

最后，在你给别人负面反馈时一定要确保没有其他人会听到。负面评价与赞美、恭维所产生的效应一样，在公开场合说时就会被放大，你可能无意中会让某些人尴尬得恨不得找个洞钻进去。

考虑时机与场合再征求意见，这样，别人就会最大可能地接受你的反馈，你的意见也会更有效。

建设性、简短而具体的反馈是最有用的，它也应具有时效性。如果某人提起几年前发生的事情，你可能觉得不会有什么关系。另外，要做到总是强调积极因素，因为你说的任何负面信息都会被清楚地接收。著名的心理学家和关系研究人员约翰·戈特曼得出结论：在一段关系中，正面和负面评论之间存在“神奇比例”。浪漫关系中每一个负面评论，需要五个积极的评论才能平衡。戈特曼认为，在浪漫关系以外的其他关系中，积极的评论并不常见（即使比负面评论更普遍），这样的关系最终会破裂。反馈也有类似的比例，虽然不是那么戏剧化。在给出负面反馈时，为了保持平衡，对于每个负面情况，至少要有两件积极的事情要说，否则，别人会觉得你只是在折磨他。

确认他人理解了你的意思，这样你就可以根据需要澄清问题或误解。同时，你应该解释反馈，就像所有的沟通是双向的一样。你要听听他有什么话对你说。

你的反馈应清楚且有重点，避免一般性陈述。例如：

“你总是……”“从未……”“大家都认为……”

你在评论时，要关注行为，而不是给人贴标签。不要说：“你太懒了。”可以说，“你经常迟到”，这就是关注行为。行为可以改变，但标签确立了个性特征，是很难改变的。另外，别人会很容易利用你给他贴的标签进行反击：“我懒？好，既然这样，我觉得我不能按时提交下一个报告。我想知道，你对我这个没用的老东西还有什么可期待的？”

当你描述别人的行为时，必须给出具体的例子。

“你和你的儿子在星期一、星期二、星期四和星期五，迟到 20 分钟到 1 小时。日托班里的其他孩子可不愿意总是等着你们。”

最后，必要的时候，你的反馈中可以包含一些改进的提议，但要避免给出意见。你能做的只是向他们解释可以选择的其他路径。你不能肯定其他人已经考虑到了所有的选择。

此外，你的反馈有时会切中主题，有时却并不准确。所以，你的反馈最好表达为假设的、你正在检验的理论，而不是客观事实。如果你不坚持认为自己是正确的，而是说明自己有对其他人可能有用的观点，你可以更好地取信于人。没有人希望自己的缺点和弱点显露在所有人面前。很少有事情会让你觉得自己如此糟糕，那就是别人指出了你很久以前就应该意识到的问题。如果你认为自己也有出错的可能性，那么当你调查事件的发生时，你就能平衡自己的角色。

声音和肢体语言会放大信息的情感因素。

当你发布坏消息或给出负面反馈时，减少肢体语言和降低声音的强度会更好些。

消除这种情感因素会使你的信息更加理性，这可以使听者更容易接受。

## 愉快地接受反馈吧！

接受反馈的最好之处是，在接受之前你可以进行简单的询问来控制事情的发展。

如果你对接受反馈实在感到不爽，但仍然意识到从别人那里得到的信息是有用的，你可以要求“非个人反馈”。那些不喜欢讨论自己的人在被问及“你觉得你在这个新项目中表现如何”时会感觉不舒服。在这样的情况下，换成“你觉得这个新项目怎么样”可能会更合适一些，因为这样，关注点就落在了项目而不是个人身上。当你向他人寻求反馈时，你可以这样指导别人做出反馈，让他们通过使用你向其寻求反馈时使用的相同种类的短语对你做出反馈，将“我想就如何改进会议请大家帮我提出建议”，转换成“我想就如何改进会议请大家提出一些建议”，将关注点从自己身上转移出去。

你也可以练习接受反馈。列出一个你希望收到其反馈信息的名单，还有从未向你做出过反馈的人的名单。然后问一问他们原因。

“我不想逼迫你，我觉得在这件事上，我从未得到过你的回应，你知道是怎么回事吗？”

其回答可能是他们认为你知道他们的想法，或是因为你从未要求他们反馈。解释你并不知道这些想法，然后鼓励他们告诉你。

当然，很少有人有心情接受批评。“今天时机就不错，跟我说说吧，跟我说说你所有的负面判断，让我觉得我堵心。我准备好了！”所以，一定要确保你感兴趣的事能够得到他人的反馈。如果你想知道自己的长处，那就直接说；如果你想知道一两件你可以做得更好的事情，那就问问。反馈的信息不是绝对的。通过询问，你可以用对自己最有建设性的方式进行筛选，确保不超过自己能处理的范围，因为在谈及具体的具有建设性和启发性的批评时，并不是每个人都有你这样的策略。

担心自己要如何对个人反馈进行回应吗？通过限制负面的批评来缓解这种担忧，这就是一条信息的事情。

“您能告诉我一些具体的做法吗？一些我能做的，让这件事更容易的做法。”

## 做出有意义的回应

最后一步则是对你所接收到的反馈进行有意义的回应。这和接受反馈一样难，因为有时你只想把那个人当作白痴，并真的认为他就是个白痴。沟通大师艾伦·加纳设计了一个两步式的流程，对反馈进行建设性的回应——尤其是当反馈结构不完善时。

**第一步：询问细节**

非建设性的批评通常笼统概括。

“你什么都不在乎。”

“没人喜欢这个。”

如果你让别人说得更具体一些，你就知道到底是怎么回事了。我不在乎什么？谁不喜欢那个，另外人们不喜欢的那个指什么？为什么对你来说是这样的？我并不是在狡辩，只是想弄明白而已。但一定不要让人听起来感觉很刻薄，这样对方才会认为你的本意是真诚的。

**第二步：表示赞同**

不要表示不同意。事实上，就算别人错了，你也能表示同意，例如，你可能会赞同其批评的内容。如果你听对方说完还没有抗拒，你会惊讶地发现他有自己的观点。如果真的是这样，直接说："你知道的，你刚讲了一个观点，我会考虑的。"

这并不意味着你在贬低自己。你不会因为同意改变自己行为的某些方面就认为自己是一个笨蛋、傻瓜。随意重复他的话而不是只说一句"你是对的"。当有人说"它要被烧毁了"，你应该说"你说得对，它要被烧毁了"，这样就表明你完全明白发生了什么。

或者，你觉得这个批评并不合理，但你会同意，批评你的人有权表达自己的意见。尤其是当涉及某件事是否会顺利进行时的评论。

"你可能是对的。如果我吃了很多意大利面，也许我会变胖。但我不这么认为。"

你在这里要表达的意思是：我能明白你这样说的原因，但我不这么认为。

如果他继续唠叨你，你只需要重复自己的回答，直到他不再这样做。重复自己的回答是一个很好的办法，可用于那些希望你做某事的人，以及想要批评、诱惑或者威胁你同意那样做的人。

首先，表明自己的观点："我不想打电话时听到任何建议。"

只要有必要，逐字重复。他会试图用"但你肯定同意……"这样的话来哄你。不要成为这种陷阱的牺牲品。只需要重复你的句子，就像循环播放音频文件那样，直到对方选择放弃。

## 唤醒他人心底的愿望

这听起来可能不那么鼓舞人心，但尽管你对反馈有所了解，你所能做的只是希望有所改变。你不能强迫改变，不能改变别人的想法，也不能强迫他们改变自己的行为。至少短时间内不会。

人们常说，你唯一能改变的就是你自己。当换作他人时，他们就只能改变他们自己。但是，这并不是事情的全部。尽管真正的改变得靠他们自己，但你仍旧可以让他们注意到发生了什么，并激励他们。你可以为其提供所需的资源、勇气和改变的机会，并帮助他们理解为什么需要这样做。

你可以影响他们。

反馈是一个有用的工具，它会给你带来很多好处。但是你必须小心，因为这里存在悖论。试图改变别人几乎不会让别人改变。事实上，人们了解你的观点也并不一定意味着他们会改变，即使在原则上他们同意你的意见。这也是许多人在提供反馈时所忽略的，然后不理解为什么情况不会立即得到改善。公然地试图改变别人，往往会使其更加坚定地继续以前的做法。

没有人喜欢被告知他们需要改变自己。但这却经常发生，尤其是没有建设性的反馈，而只有全面攻击的方式时（“嘿，我告诉过你不要那样做！拿开你的手！”）。所以，这样会导致防御行为或强化不良行为（“我的手想放哪儿就放哪儿。不用你告诉我能做什么不能做什么！”）。这就是心理悖论在发挥作用：

告知别人必须改变，实际上，更不可能让其做出改变。

你可以强迫他们，但是你强迫他们做出的任何新行为都会在你离开的那一刻停止。也就是说，你应该利用你的共情能力去理解他的处境，并结合如何进行有意义的对话的知识，引导他到你需要他去的地方。

有其他选择的情况时做出的自主改变则更持久。其他选择可能不那么具有吸引力，但只要你想，还是可以选择的。这是最大的秘密之一（请仔细阅读这部分内容）：只要人们认为没有改变的必要，他们就不会进行改变。

你必须给他人自己选择的空间。强迫不能取代动机，只会消除动机。在没有选择的情况下，人是不会真正参与进来的。换位思考一下，如果有人试图剥夺你选择的权利，你会有什么样的感觉？"我知道你还有其他的事情要做，但我已经决定要优先考虑此事。你最好马上开始。"听到这样的话，是不是感觉自己的防御机制几乎要发挥作用了？如果都是一些小细节便无关紧要。保持意志自由的愿望是人类最强大的动机之一，对此进行干涉，可能会引火烧身。

所以，很容易理解的东西会直接与你的冲动相抵触，这不是很奇怪吗？当你三岁的孩子把他盘子中的食物撒在地上时，哪怕他现在已经知道不应该再那样做了；或者你的同事买午餐时又一次在你前面插队，尽管他早已过了做这样的事的年纪了。但你的反应不太可能会改变他们的动机。你可能会用威胁、指责和唠叨的方式试图改变他们的行为。你感到很沮丧，因为你知道他们本可以不那样做，但是却忘记了他们那样做也是有原因的。

影响他人做出改变之前，你需要明白你想要改变的是什么。许多人匆忙地想要按照自己的意愿影响他人，塑造世界，但却忘记停下来思考他们想要改变的行为。如果你对周围的事物赋予同样的重要性，事情就会变得非常困难。所以，把其他人干扰你的事情，或者你认为他们应该不那么做的事情列一个清单，他们可以是你的老板、老师、家人或者邻居。把他们所做的一切烦扰你的事情都写下来。然后，查看列表中的每一个条目，与其他条目进行比较，并确定它是否是你需要立即解决的问题，或者还可以再等等。这对那些容易心烦的人来说，是一个特别有用的方法。你给同事指示时他却在走神，你可能会很生气；你的邻居总是带着狗出门，还爱跟你说话，却总也不明白你在赶着去开会。对于列表中的每一条项目，问问自己这个问题：这件事需要我立即采取行动吗？这样，你会注意到，这个列表包含了你可以忍受的东西，以及将来可能想改变的东西，以及需要你在一个月内解决的事情，还有你现在应该采取行动的事情。

有时，你想做一些他人乐于接受的改变，例如提醒一直在电脑前工作的同事在 12 点吃午饭。但有时，你希望他人改变其根深蒂固的习惯与信仰。这种情况下，你会遇到阻力。当有人不同意你的观点时，不要陷入“你为什么是正确的”这样一种激烈的辩论中。即使对方最后按照你的说法行事，他也可能没有改变主意，他只是暂时敷衍而已。你可以通过“设身处地解释别人的观点是有效的”这种方式来避免很多讨论，例如：

“你说得有道理。”

“你可能是对的。”

“我明白你的意思。”

“确实如此。”

然后再次解释你的观点。你现在知道了，你认为他人的观点是有意义的，并不意味着你同意这个观点。它的意义在于你承认对方的观点。有时候，一个人愿意听取你的意见就是他觉得你在以这种方式理解他。

有时候，这个人只是非常固执，他认为你的建议会给他带来麻烦。别人不听取你的意见是因为他们太过于执着自己对世界的看法，他们并不明白你在说什么。如果他们明白了，就会意识到听取你的建议的必要性了。所以，你可以用不同的方式来说同样的事情，以打破他们的固执，你甚至可以用提高音量的方式。假设事情真如你所认为的那样，这是些很好的策略。但实际情况往往并不是这样。人们不听你的原因并不是他们不理解，也不是过于执着自己的想法，而是他们认为你并没有听取他们的想法，他们认为你是那个反应迟钝、固执己见的人。这也是他们不断重复并提高音量的原因，和你的做法一样。幸运的是，你可以运用几种不同的交谈方法让别人听你的，同时也可以清楚地表明你想给对方选择的空间，因为你的目标是理解他。在前面的章节中大家已经阅读了许多这方面的技巧，但还远远不够，这里还有一些技巧，仅供参考。

## 通过对事实的解读去影响他人

你可能还记得我们总是对事件的解释而非事件本身做出反应的

那部分。这时我们所犯的错误便是将我们的解读误认为现实。当你理解到这一点，你就能改变自己以及他人的行为。前面的部分，我提到了凯瑞 · 帕特森，他指出，正是在这个自动过程中，当我们为一种行为赋予意义，并猜测它的潜在动机可能是什么的时候，冲突及其解决方案才产生了。如果你的行为不那么具有建设性，但是你想要改变，你可以问问自己，是哪种情绪导致了你的行为，又是什么导致了你的情绪。假设有人用蛋糕弄脏了你的脸，你狠狠地扇了他一耳光，之后，你会怀疑你的反应是否真的合适。问问自己是什么让你挥起了手掌。质问一下自己的情绪，并做出解释。很有可能，你会开始为你的行为辩护，就像这样：

“我没错，他就是个十足的浑蛋。”

但他真的是个浑蛋吗？根据上面的说法，你已经将他的行为与你对这个行为的解读混淆了。重新开始，用纯粹的客观的术语来描述这个动作，不加任何判断。

“他朝我脸上扔了块儿蛋糕。”

这次好多了。接下来，看看你对这个行为的解读：

“只有浑蛋才会故意扔蛋糕，所以他就是个浑蛋。”

这可能是正确的解释。然而，你应该放松精神，并接受可能有另一种解释的想法，按照这种解释，他看起来就不像是个浑蛋了。

“他要把蛋糕放到甜点桌上，但他绊了一跤，蛋糕就扔在了我脸上。”

“我猜他听说我喜欢恶作剧，但他不知道我对奶油过敏。”

你不必说服自己认为其中的一个解释比自己的解读还要正确。

你只要明白不同的解释是存在的，并且知道可能有什么样的解释，这就足够了。一旦意识到自己看到的事实并不是只有一种可能，控制你的情绪就会减弱，因为它也不再是唯一可能的情绪了。所以，你不必再认为他是个该死的浑蛋。

你可以从改变自己那一章节看到这一技巧。然而，你也可以使用该技巧帮助他人改变其行为。如果你注意到某些人在一些情况中的反应并不具有建设性，问问他那样做的原因。你可能会得到一个掺杂着行为描述与解读这个行为的答案："我很生气，因为其他人懒得在卫生间里放一卷新纸。"帮助他将解释与反应区分开。对于为什么卫生间里没有纸，除了那些责任人太懒以外，还有其他解释吗？

如果你想让其他人的行为有所不同，你就不应该描述他们的解释（或者是你的），不应该给他的行为贴标签，不应该假设你知道他们为什么会这样做。只需要简单描述他们的行为，并开始采取行动就好。事实比主观论断更有信服力。但遗憾的是，我们习惯的做法与此恰恰相反，并以自己的解读为基础开始对话。我们从主观的角度来描述问题，就好像这是普遍的真理一样，这引发了一些我们并不想看见的反应：

"你走吧！又开始对我大吼大叫！这根本就不是我做这件事的原因。我告诉你，你太敏感了！"

现在，虽然你关于这件事的想法被证明是正确的，但你仍然没有得到任何结果。

当你在描述某些人的行为是如何影响你时，你应该用你认为能表明你自己的结论是合理的这样一种方式来讲，但准备好接受质疑。

不要说："事实上……"

说："我认为……"

不要说："众所周知……"

说："我和两个人都谈论过此事，他们都这样说……"

说："我开始怀疑是不是这种情况……"

## 两秒钟法则

一般情况下，人们都喜欢谈论自己，都想得到别人的理解与认可。即使我们觉得有人在吹牛，或者在 Facebook 上发布一张预先安排好的在假期拍摄的自拍照，人们真正想得到的只是别人的关注。

关注他人不会花费很长时间，你要做的只是闭口不语。因为，你和我们大多数人一样，在倾听时，你往往只是在等待轮到你发言的时机。一旦有了片刻的停顿，你就会立即投入谈话，让每个人都知道你有多么好的想法。但如果你那样做了，刚刚说话的人则会被误解为这是他滑雪假期的全部内容。

让别人明白你在认真对待他们的最好方法，就是向他们展示你正在认真地听他们讲话。我们已经讨论过：当某人停止讲话，特别是刚刚聊到一些私人话题时，他会转向你的脸看你的反应，猜测你的想法。这时，一定要回应他，与他进行眼神交流，在你开始讲话前一定要等待至少两秒钟。

如果你确实是在思考他的话，自然而然就会停顿。也就是说，这是一个自动的、非语言的信号，他会将其理解为你在仔细倾听并认真思考他说的话。同样，你也可以无意识地使用这个信号。在他讲完话之前，你可能就已经知道了所有内容，但在你讲话之前，你还是要等待两秒钟。否则，他可能会感觉你并不是很感兴趣，因为那个表明你本应在思考的信号消失了。这就会让他怀疑他对你的重要性。

无论他人的讲话多么私人或有深意，都要养成停顿两秒钟的习惯。这两秒钟会对你们之间的关系产生巨大的影响，也会让他人愿意倾听你的意见。当然，这也会产生积极的作用，让你真正思考他所说的话。

你不必着急。当一个人短暂停顿的时候，通常不是在等你说话，大多时候是因为他正忙着整理思绪，看看能跟你说点儿什么。给他人思考和表达结论的空间。不要试着去帮他，如果你那样做了，只会让他备感压力。

## 以请求帮助的方式提问

当你注意到一个需要解决的问题时，为了避免触发当某人意识到他们错了的时候可能出现的那种反抗情绪，你可以用先前寻求建议的技巧。这个技巧利用了黄金真理：以要求帮助的方式来代替别的请求。

如果你向他人寻求建议或帮助而不是告诉他们怎么做，就算是很固执，很难搞定的人都有可能改变想法。他们之所以很难搞定，通常是因为他们厌倦了被要求做某事以及没有人听他们说话。那些你认为有问题的人会从中受益，这一点是很有用的。就好像他凭借自己的高超技能想出了解决方案一样（至少他的脑海里是这样的印象）。

当你使用“寻求意见技巧”时，你仍然是对的，你会得到你想要的结果，你也能与那些险些失去面子的人保持关系（还有那些如果他丢了脸，就会让你付出代价的人）。所以，不要和你的老板说这样的话：

“嗨，老板，我核查了预算数字，但有一个明显的错误。”

试试这样说：

“老板，有时间吗？我刚刚核查了一下预算数字，注意到一些情况，我想知道您是怎么想的。”

我想你应该明白了。

## 关注每个人的独特性

我们都是独一无二的，我们都有自己的独特性。这些独特之处可能是思想上、情感上或者身体上的。每个人都有专属自己的特点：独特的肢体语言、表达方式、手势、言语、不寻常的举止行为、面部表情等。你可能会很自然地认为这些是最不会被提及的特性，但事实与此相反。如果你不仅表现出注意到了某人的个人特征，而且认为这些奇怪的东西是积极的，你就会喜欢上它。原因很简单，你刚刚强调的是别人觉得自己非常特别的部分。

“我知道你是少数几个真正懂得如何系鞋带的人，把鞋带从绕好的圈下面而不是上面穿过去，这看起来很棒！”

“你怎么会想到旋转所有的咖啡杯，让手柄都指向相同的方向的？有没有一些特别的原因？”

正如所看到的，你不是在批评，也没有消极，你没有评判别人，而且你并没有过度关注你的观察。你只是把聚光灯转回来，让它照在别人认为不会有人注意的行为上，他们自己都没有注意到自己的行为，你的出现让这一切发生了改变，也让他们变得与众不同。你也可以自然地把它作为寻找你们共同点的基础：

“我也那样系鞋带，一时半会儿还学不会用别的方法。”

“我还做了一件事，我把所有的银制餐具都侧放在抽屉里。”

唯一不应该使用这种方法的情况是：你是政治家，并同意接受记者的采访问题。时任瑞典国防大臣卡琳·恩斯特罗姆在2004年接受某电视新闻节目采访，并在采访中给出10次同样的回答。无论受挫的记者如何努力挖掘，回答总是相同的。瑞典中立党的前领导人莫德·奥洛夫松在10年后做了同样的事情，也是在同一档节目中，为了避免回答关于柬农丑闻的问题，她在9分钟内不断地重复相同的回答。但与博斯·林格奥尔姆相比，他们的表现都显得苍白了。在1999年新闻发布会上对于瑞典审计署的丑闻回应，博斯·林格奥尔姆重复了15次相同的答复。还有现今纪录保持者托比亚斯·比尔斯特罗姆，他在几分钟内给出了17次相同的回答，以避免记者对维基解密的报价进行评论。但这并不是重复回答的正确使用方法。当政治家使用它时，只会显得极其傲慢，或者可能更糟糕，会让人感觉他有点儿迟钝。

持久的变化，你必须让别人感到有动力改变自己。这也是此种情况下需要你使用比以往更多社交技巧的原因。托马斯 13 世纪出生于阿基诺，他是一位哲学家，也是一名牧师。他曾一针见血地写道："如果你想让别人信服你的观点，你就应该去他站立的位置，握着他的手，为其指路。你不应该在房间的尽头朝他大喊，或者要求他过来找你。你要从他的位置开始，并在那里开始你的工作。"

当你关注他的独特性时，就会产生一种归属感——你们两人有一个与其他人没有的纽带。如果你们碰巧有相同点，那就是你们俩共同对抗这个世界的特点了。正如我前文提到的，我们居住在一个很容易让人感到孤独的世界。当有人说"我懂你"时，便让这个人成了我们想要了解的人，因为他了解我们，就像我们了解自己一样。

## 两个最重要的问题

当你与某人交谈的目标是相互学习时，这通常会带来改变。当人们感到被理解、被认可和被尊重时，他们会更愿意改变。在下面的两个问题上，他们更需要回答"是的"。

"我能做到别人要求我的事情吗？"

"这值得努力吗？"

迫切地想要改变他人的时候，我们很容易忽视一点——人们如何从改变中受益。没有这个动机，改变不会发生。幸运的是，别人的动机是很容易发现的：你需要做的只是让他们把自己的故事讲给你听。只要你听得足够认真，人们就会告诉你他们的动机。

一般来说，我现在就能告诉你你会听到什么。动机的研究得出了相同的结论：最强大的动机是对他人的欣赏。人们被社会接受的需求非常强烈，以至有些人甚至声称它激发了所有创造性的工作。我不知道我是否也这么认为，但至少，它已经被证明是改变行为的最有效的方式。行为科学得出结论：他人选择在你面前表达行为的方式很大程度上取决于你如何回应他们。获得社会回报的行为会变得更加频繁，而被忽视的行为却往往变得不再频繁。假设行动的原因并不是要引起你的注意，那么经常受到惩罚的行为也会变得不那么频繁。如果是为了引起你的注意，行动可能会继续，因为惩罚总比没有得到注意好。这就是惩罚那些淘气的孩子经常会适得其反的原因：他们会因此更加兴奋，因为你刚刚证明，他们这样的行为会赢得你的注意。

但是，除了这些情况之外，相比不按照你的意愿采取行动会受到惩罚，按照你的意愿采取行动会得到奖励，其他人更倾向于第二种。但是，我们经常做出相反的选择：我们通过强调我们认为是错误的、消极的行为来解释我们想要的行为是什么。

“你又把《灵异出窍》的蓝光光盘拿出来放在电视机柜上，我告诉过你多少次不要这样做？”

这对于解释你想要看到的情况是必要的。因为碟片不能放在电视柜上。但根据研究，将这种理解转化为行动是当你开始专注于你想看到更多的积极行为时：“非常感谢你将影片放回碟盒中。你知道的，这对我意义重大。”同时，不要说：“你必须好好学习，否则我会减少你的零用钱。”而是换成：“很高兴你今天去上学了，我们来设立一些激励你并让你坚持下去的目标吧！”

当某人谈论一些有规律的、具有建设性的事情时，你可以点头、微笑，并问一些感兴趣的问题。但是当他开始抱怨和诉苦时，你最好摆弄你三明治里的泡菜，忽视他的行为，这将让他的行为发生非常迅速的变化。强调和奖励你想要的行为，忽视和惩罚那些你不想要的行为。

如果有人行事从未如你所愿，你可以在他离你很近，可以听清的时候表扬那些按你的意愿行事的人。这将向他说明，如果他想从你那里得到同样的关注，你欣赏什么以及他需要做什么。你也可以直接告诉他你的想法。

“如果你将这个碟片放回原处，而不是将它放在电视机柜上，我会很开心。因为它是无可替代的，对我非常重要。谢谢。”

请注意，行为科学只关注社会认可方面的回报，给予赞扬和关注，并强调他人的优点。实际上，所有其他种类的奖励（特别是物质奖励）都是同样微弱的激励措施，像惩罚一样会对人们的自尊造成伤害。你仔细想一想：你是否会奖励一个在其他方面与你无异却只是做了自己应该做的事情的人？“伙计，像昨天一样，你今天来上班真是太不可思议了，我要用这盒巧克力来奖励你，尽管你今天没有遇到特别的挑战。”我认为你不会这样做的。但是我们确实会因为一些“好的行为”去奖励孩子和狗狗。我们经常给孩子们糖果或乐高，因为这是有目的的。但是当你给予某人物质奖励时，你也会跟这个人说这样的话：“我不相信你能自己做这件事，所以你能做好，这很不容易。你会得到礼物。”现在看来，这不一定是件坏事。但是你要记住，你这是在炫耀自己的优越性，要避免对成年人这样做。获得物质奖励会削弱人的责任感，同时消除任何可能来自自己的自由意愿的满足感。最后，奖励消除了你为了做这件事而做这件事的动机。当奖励成为你做某事的主要原因时，你的行为就会在没有奖励的那一刻停止。

社会奖励的技巧并不要求你永远不关注消极的行为。如果不恰当的行为是一种无意识的习惯，那么把它说出来是一件好事。但关键点是，只是简单地说“你不能再不穿裤子出门了”不会带来任何改变，它充其量可以让人们意识到自己的坏习惯，情况坏一点儿就会引起他人的防御行为。但是如果你想让他改变，你就必须向他展示哪种行为会得到奖励。

这并不总是像你想象的那样简单。如果你家里有孩子，并且你也曾被建议忽略孩子的不良行为，你就会知道这几乎是不可能的。[①] 此外，这种方法比说“现在就停止它，否则你就不会得到任何甜点”需要更长的时间。但如果你想要实现长久的改变，这是唯一的出路。

用更宏伟的目标进行激励，是通过社会接受来进行鼓励的一种相关方法。我们总是认为如果没有那么多事情要做，我们会更

---

① 对于如何使用这个技巧也很容易产生误解，当瑞典议会中的各党派试图在 2014 年选举中对瑞典民主党施加社会谴责时，这一点就非常明显。其他政党似乎认为，通过忽视瑞典民主党，就能够将其排除在外，但其行为却导致了完全不同的结果。他们拒绝承认瑞典民主党人在政治话语中的地位，这一决定反而加强了选民对该党的支持。政治领导人并不知道瑞典民主党不是依赖于其他党派对其存在的关注而是依赖于选民。如果选民忽视瑞典民主党，其结果又会不一样。其实，选民只是好奇地想知道更多有关于那个政党的消息，但其他政客却闭口不谈。

快乐。

我们期待这样的时刻早点儿到来，我们的工作时间减少，或者我们的家庭作业不再堆积如山让人压力巨大。然后，我们终于可以喘口气，看所有的电视剧，想睡就睡，和朋友在一起，放松、度假、阅读闲书。最终，我们变得很开心，因为越过了所有我们需要面对的事情。

但是时间自由与幸福几乎没有关系。许多人感觉不开心的原因并不是他们有太多的事情要做，而是无聊。不喜欢上学的学生通常会有这种感觉，因为学校对他们的要求不高。很少有人因为自己的工作具有挑战性而感到厌烦。真正让他们感到厌烦的是一成不变的工作任务，以及无法激励自己的同事。美国政治家约翰·加德纳称其为“美国最值得守护的秘密”：人们宁愿为自己信仰的事情努力，也不愿虚度光阴。

如果你能提供挑战和目标，并要求取得许多成就，你将为我们其他人创造意义。如果你能提供一个更大的目标，你就能提供动力，成为我们乐于追随的人。

几乎没有人能够按照自己的喜好开怀大笑或尽情玩乐。因此，我们都在寻找可以为我们提供一两个笑话的事情，就像口渴的羚羊在寻找水源那样急切。

如果你能让笑声经常出现在你的部门里，你的课堂上，你的项目团队中，或者你参加的聚会上，那么你将创造一个别人渴望与你分享的环境。当你能吸引别人时，为什么还要追赶他们呢？

## 敞开心扉，表现自己的软弱

这可能并不显而易见，但良好的沟通与脆弱密切相关。我们中的大多数人都忽略了这个重要的组成部分，因为我们把脆弱和弱点联系在一起。我们认为脆弱会暴露弱点，这让我们害怕。但实际上的情况恰恰相反：在他人面前有勇气示弱会让彼此的关系变得更加亲密。这倒不是因为暴露了自己的弱点，而是因为我们展示出了真实的自己。心理学教授阿瑟·阿伦曾进行过这样一项测试，要求互不相识的夫妇在 45 分钟内讨论 38 个问题。这些问题的表述方式逐渐从表面的、安全的转变为隐私的、揭露真情实感的。之后，受试者被要求使用一个等级数值表来评定他们与另一个人的关系。其结果与那些没有参加测试的人，以及那些只要求评定他们与亲戚、伙伴、同事和家庭关系的人进行比较。受试者报告说，他们在测试后感觉很亲密。事实上，在刚刚评定关系的人中，有 30% 的人评定数值不及测试参与者报告得那样高。尽管参与测试的人待在一起的时间只有 45 分钟，但他们的关系比那些用一生建立起来的关系更牢固。

为什么会这样？阿瑟·阿伦教授的问题没有魔法，却使得受试者将自己的隐私暴露出来，例如最近一次哭是什么时候。而这些恰恰又都是我们经常忘记去分享，或者是不敢分享的事情，因为我们害怕表现出自己的软弱。

这一结果也得到了另一项研究的支持。该研究表明，在某个在线交友网站上分享过私人信息的成员，在寻找合适的伴侣方面比那些没有分享过的人更容易成功。这并不让人感到惊讶：如果有人对我们很坦诚、很亲密，我们将以同样的方式回应。这是我们潜意识机制中的一部分。它如此根深蒂固，以至我们的行为会变得不再合理，这在另一项令人兴奋的研究中也得到了证实。受试者被要求填写一份有私人和揭示情感问题的表格，如果电脑“承认”是他自己的弱点，受试者就有可能做出真诚的回应。受试者并不愚蠢。他们知道自己并没有进行亲密的交谈，而且电脑也不具有真正的人工智能。他们知道自己回答的是预先写好的问题。但尽管如此，在电脑承认经常给用户带来麻烦之后，那个让受试者感到最羞愧的问题却收到了更好的回应：“这台计算机经常在最不应该的时候崩溃，导致了很多严重的问题。但你对你自己的哪些行为感觉最内疚？”

我希望你能清楚地意识到以开放来奖励开放的心理反射，会让你在与他人的相处中受益。但是很不幸的是，有许多人竭尽全力做着相反的事情。我们倾向于避免任何会变得脆弱的情况，部分原因可能是“脆弱”一词的定义：“在身体或情感上受到攻击或伤害的可能性。”通过揭露我们内心深处的恐惧和弱点，我们把自己置于一个别人可以战胜我们的位置。我们担心，我们透露的信息可能会对我们自己不利，并造成伤害。我们也不想让他人看出来我们不能依靠自己。但是没有人能做到只靠自己。只有你表现出脆弱，别人才会信任你，因为你已经处于情绪、心理或身体脆弱的状态。这就让他人敢于放松警惕，你们也能在更短的时间内熟悉对方。当你们都诚实地面对自己和自己的感受时，你们就会创造出一种开放的心态，这种开放有助于你们建立起亲密的关系。

我们也会尊重那些勇于示弱的人，因为我们知道这需要多大的勇气。因此，脆弱并不是弱点，而是优点。脆弱等于勇气；勇气，绝不是弱点。

示弱也意味着勇于犯错误。有些人认为一个好的领导者在他以往的生活中会有许多成功的经验，但实际上，并没有人是那样的。有些人会认为这是他们需要做的事情，然后尽其所能忘记自己的失败。但就像托德在电影《永不放手的小刀》中所说的：

“我想也许每个人都会摔倒，我想也许我们都会这样，我想这并不是问题。问题是我们是否能重新站起来。”

一个失败过几次的领导人会更鼓舞人心，这听起来似乎有违常理，但实际的研究结果却支持这一理论，这被称为经验。强者和弱者犯过同样多的错误，区别是强者承认错误，并从中吸取经验，最终可能会嘲笑自己曾经犯下的错误，这是自身强大起来的方式。接受你会犯错的事实，这在你的宏伟蓝图中并不重要。

事实上，如果你参与或领导一群人，他们总是能得到自己预想的结果，那么给他们一顿责骂可能是个好主意，因为这意味着他们做事会更加用心。这同样也适用于个人，一个从没失败过的人会放弃成长。

如果世界是一个理性的地方，生活就会变得简单，每个人都会做出明智的决定。但是你知道事情并非如此。有些人似乎早就下定决心要制造麻烦，而另一些人则是良好的典范，直到他们在周一早上的会议中突然爆发。你要如何解决这个问题？我的建议是放轻松。在你与他人的关系中，留出一些暂时的疯狂空间。你的同事可能在这个周末把他的世界颠倒了过来，并且需要在第一时间将它展示出来。

两年内的每个周末，我都会参加一个网络广播节目，希望能够帮助听众解决他们提出的现实生活中的问题。在对近千个私人难题进行分析之后，考虑到大多数人在生活中遇到的疯狂情况，我很惊讶很多人竟能在日常生活中正常做事。所以，不要认为这只是自己的事。如果有人制造摩擦，立马指出，然后说："我认为这次谈话已经不再具有建设性意义，你已经变了一个人。我们休息一下明天再继续吧？"尽量不要惹恼找你麻烦的人，否则你可能就是下一个麻烦的制造者。

每当你要求别人改变时，他们的第一个问题便是为什么要听你的。

他们有权这样想。当你要求他人做一些其他事情而不是他们正在做的事时，你的要求就比维持现状更具挑战性。你让他们放弃自己熟悉的东西，放弃安全感踏入未知的世界。所以，你必须向他们解释清楚你的意思，你要做到心口如一。一个好方法便是牺牲每个人都知道是有价值的东西，例如你的时间。每个人的时间都是一样的，没有谁的时间是无限的。这便意味着当你向别人付出时间时，你把自己奉献给他了。将自己的时间投资在某件事情上，是一种很靠谱的证明你认为其很重要的方式。正如凯瑞·帕特森和他的同事提出的那样，"高品质时间"是不存在的，只有时间的不同。所以，如果你想让他人相信你说的是心里话，你就必须付出自己的时间。

同样的道理也适用于金钱或者自我本身。如果你把钱投资于某件事情，便意味着你认为这件事很重要。同样，将自己的利益放在一边去帮助他人便意味着真诚。只有你做好牺牲某些东西的准备以表明你说的对你很重要时，别人才会认真对待。

## 对话的关键是第一个问题

我曾说过，为了让某些人做出改变，你对两个问题的回答必须是肯定的，一个是“我可以吗？”，另一个是“我付出的努力值得吗？”。

现在是时候来看看第一个问题了。在某人被成功激励之前，他必须感觉自己已经具备或能够学会这项任务所需的技能，其目标必须是看起来可以实现的。所以，为了知道所需技能是什么，你必须知道目标是什么。不只是用概括的话，比如“减肥”或“效率更高”，你需要尽可能以最具体的术语来了解它。中等表现者和优秀表现者之间的决定性差异在于后者设定了更明确和具体的目标。普通排球运动员设定的目标，比如“提高我的注意力”是一个总体目标，可以有几种不同的解释。而顶尖运动员以特定的方式练习打球，并分析比赛过程中的每个阶段。

这与你表达目标的细节程度无关，与关注点的转变有关。你可以尝试改善一个过程或一个行为（比如你扔球时握住自己手臂的角度），而不是改善结果或技能（比如你在场上的注意力水平）。让目标具体一些，只有这样做完之后你才能找到需要练习或调整的实用元素。

具体的目标也会帮你正确理解自己所做事情的结果反馈。研究上述排球运动员的小组成员也询问了一名球员连续失误两三个球时出现了什么问题。普通选手的解释概括而模糊，比如："我注意力不集中。"但是优秀选手知道问题究竟出在哪："我没有把胳膊肘收起来。"这两种情况下哪一种对于提高人们打球的技能更有用我就不用多说了。

你应该有（或设置）明确的、可以实现的、富有挑战性的目标，还有一个生理上的目标。研究表明，这种目标会增加大脑和肌肉的血液流动。然而，当你的目标不明确时，这种身体活动不会发生。原因很简单，当一个人有明确的、可实现的且具挑战性的目标时，他会把目标当作真实的任务看待，并在实际中尽力去实现，这使身体和大脑充满活力。目标模糊的人为抽象的希望而奋斗。在这样的情况下，你要怎么实现自己的目标呢？

## 身体距离影响我们的行为

不同的事物会带来归属感。我们与那些共同经历困难和挑战的人紧密地联系在一起。这种亲密关系正是发起仪式和团队建设的预期结果，在这个过程中，新成员要经受某种磨难或其他考验，才能融入团队。[①]

这些仪式创造了强烈的归属感，因为每个人都经历过同样的磨难。他们还可以更清楚地界定这个群体，因为没有人有时间去质疑谁在或谁不在这个团队。在团队内部，个人纽带可以比在团体外部更快地形成，因为团体成员都属于同一个部落、氏族。然而，除了乏味的仪式，你还可以用其他方式创造一种归属感。它们可能会是一些你不会与他人分享的特别的兴趣，比如观鸟、搭建火车模型，或恰好有瑞典粉丝俱乐部的电视连续剧。（如果你想赢得最后这个群体的尊重，你至少需要追肯尼斯·约翰逊制作的剧集。）当然向这些群体出售东西也很容易，因为像双筒望远镜、变压器和角色扮演的制服这样的实物，有助于根据其特殊兴趣来界定这个群体。

可以形成归属感的第三个因素是物理环境。团体是指经常在一起消磨时间的一群人，例如在同一部门工作或住在同一宿舍的人。这种团体很可能永远不会像骑车团体那样联系紧密，但你也不能确定。J.G. 巴拉德的小说《高楼大厦》描写了在居民楼中爆发的一场内战，阶级便在不同等级的人群中逐渐形成了。主角罗伯特·莱因将他们的社交凝聚力描述如下："团结一致打败了一座空荡荡的电梯。"

20 世纪 50 年代，心理学家利昂·费斯廷格和同事们开始通过小组来衡量信息的流动。在研究中，他们注意到以前忽略过的一个方面。

---

① 研究显示，苛刻的入会仪式也让人产生了团体（军事单位、摩托车俱乐部、书友会）会有卓越表现的过度信任，因为只有傻瓜才会经历这种痛苦加入一个普通的团队。

他们不仅绘制了信息流的图表，而且在纯粹的地理意义上研究了人们所处的位置。

这被证明是有史以来发现的最重要的社会心理现象之一：身体距离影响我们的行为和人际关系。

你认为你选择了与谁合作，与谁成为朋友，在那些你最爱的并且与你有着相同价值观的人中选择了与谁结婚，以及与谁相处。但费斯廷格表示这并不太准确。与某人共度的时间在很大程度上取决于他们与你的距离。公寓楼里，家门口挨着电梯或楼梯井的住户比在大厅另一头的住户认识更多的邻居，因为大厅另一头的住户看不到有多少人经过他们的门口，此外，挨着信箱的住户会比整个楼里的住户知道得更多。

同理，在企业里，与员工有更多互动的高管与员工的关系更好也不是什么秘密。哪个老板这样做？他们拥有怎样惊人的品质？

重金聘请的管理顾问教过他们什么秘诀？

那些互动最多的高管是那些坐在员工身边的人。当一个部门分处在多个楼层时，该部门的成员与自己楼层的人员（包括其他部门的成员）合作比同一部门的其他同事的合作更多。贝尔实验室进行的一项研究观察到，与坐得近的科学家讨论进行合作的话题的可能性是坐在 30 英尺之外的科学家的三倍。当就座的距离超过 100 英尺时，彼此进行合作的可能性与坐在几英里以外的可能性一样大。

原因很简单，并不是因为懒，也不是因为他们是我们经常看到的人（稍后我们会看到，这是一个促成因素）。但是，与我们最亲近的人也是我们最有可能偶然碰到的人。距离降低了两个人在需要共同解决问题时相遇的可能性。研究还表明，没有明确议程的计划外的偶遇，有助于人们相互了解。如果我们碰巧在同一个地方经常进行无计划的谈话，那这些谈话将产生深远的影响。当奥里和罗姆·布拉夫曼兄弟研究这种现象时，他们发现，坐得近的工人群体内部冲突较少。基本上，每天的接触避免了可能出现的紧张局势。①

贝尔实验室关于近距离研究的结果让人想起了利昂·费斯汀格在宿舍走廊研究友谊时发现的情况。当他问人们他们在宿舍里和谁相处得最好时，40% 的人回答是隔壁房间的人，就在 15 英尺之外。20% 的人回答是与隔壁的隔壁——30 英尺之外的人相处最好。距离再远 15 英尺，建立良好关系的机会又会减半。在宿舍里，远近程度是影响人们成为好朋友的最重要的因素。当然，这也意味着住在宿舍中间的人有很多朋友，而住在两端的人要少很多。

当没有近距离时，其结果就不仅仅是缺乏合作了。当员工互不见面，彼此也不了解时，一些糟糕的事情就会发生。人们开始使用像“他们”这样的词语，其意思是“我们从未见过的那些白痴，可能是我们所有问题的根源”。

当然，你和住在同一个城市的人交朋友的机会大于在这个国家却生活在不同地区的人。假设我们更可能与住在我们街区或街道上的人建立联系，而不是与住在城镇另一边的人建立联系，这似乎也

---

① 我并不是说我们会自动地喜欢住在我们身边的每个人。有时候离得越近越有问题：假如你有一位疯狂的科学家祖父，就像《瑞克和莫迪》中的瑞克，如果他们和你住在一起，你的思想健康就会受到危害。但总体上说，距离远近比我们想象的意义更重大。

是合理的。有趣的是，那些将你与另一个人分开的那几英尺不成比例的影响。即使你准备接受一份新工作，去一所新学校，甚至要搬家去结识新的、有趣的人，你可能也从来没有想过周一的会议或上课时你会坐在哪里。但就像费斯汀格和其他人所证明的那样，几英尺远的距离可以使整个关系变得不同。

## 相处时间同样影响人际关系

距离也影响人际关系的另一个重要方面：持续的时间。你和一个人在一起的时间越长，你越会影响他的思想和行动。主要原因有两点：一方面你将有更多的时间去重复、放大和澄清你的观点，另一方面我们更容易受到那些我们喜欢的人的影响，我们喜欢经常见面的人。或者，正如汉尼拔·莱克特在电影《沉默的羔羊》中表达的那样：

“我们是否贪图寻求的事物？……不，我们开始羡慕每天看到的东西。”

好吧，也许这不是这本书中最精彩的一句话。但的确是很好的心理学知识。问题是我们对“经常”看到某人的定义为看到他多少次。答案远不如你所认为的那样近。理查德·莫兰德和斯科特·比奇都是匹兹堡大学的心理学家，他们要求四名女性参加一个关于个性心理学的课程。在早些时候的测试中，四个人的图像被展示给对照组，受试者要对这四位女性的不同个性特征进行评分（所有评分都基于他们对这些图片的看法）。对于所有包含的特征，它们都被评定为相似，例如，它们具有相似或相同的个性。

这堂课是在一个可容纳 200 人的礼堂里进行的。四位女性接到的指示是进入礼堂，不要引起他人的注意，坐在礼堂前面，这样每一位进入礼堂的人都将经过她们的身旁。四位女性中有一位被要求去 15 次，另一位去 10 次，第三位去 5 次，最后一位去 0 次。（有一位测试参与者从未出现过，这似乎很奇怪，但我很快就会做出解释。）课程结束后，又向 130 名受试者展示了这四位女性的照片。90% 的人回答说课堂上从未见过这些人。其余 10% 的人不敢确定他们认出了照片中的人。

事实上，大多数受试者并没有意识到自己在礼堂里注意到其他人，这反而证明了对女性施加的无意识影响是没有任何作用的。受试者被要求看这些女性的照片，并评价她们看起来是否有吸引力、有趣、无私、受欢迎、聪明、热情、诚实、成功和真诚。在同样的领域，对照组对她们进行同等的评价。但是现在，男人和女人都觉得进入礼堂次数多的女人最有吸引力，她的其他特征也得到了最高分。在她之后，先后分别出现 10 次和 5 次的人的吸引力和个性特征依次排列，而最不吸引人和最不受欢迎的则是那位从未出现的女性。在 0 到 100 分的评分中，当问及受试者是否会和出现在礼堂次数最多的女性做朋友时，分数为 60 分，而那位从未出现的女性只得到 41 分。

换句话说：虽然受试者并没有有意识地去认出任何一位女性，但是他们分配给虚构女性特征的分数随着见到她们次数的增加而变多。

在无意识的情况下，对某人越熟悉，我们就越喜欢这个人，当然，我们就更愿意和他成为朋友。因此，距离和相处的时间都是决定性因素，它决定了别人信任你、尊重你、倾听你的程度，不管这是不是刻意的。

***

到目前为止，你学到的社交技巧是一种你可以根据情况需要选择使用或不使用的能力。如果你使用它，你的生活会更好，但没有人强迫你。如果你在周六的派对上使用了出色的社交技巧，在周五的会议上只发挥自己的影响力，并且愿意等到周日再听，一切都取决于你。

但是在下一章，我们将分析一下你没有选择的情况，这时你可以使用社交技巧或者结束一场战争。你的社交技巧从来没有受到过比冲突更严峻的考验，讨论开始变得激烈起来。然而，这些情况也是使用社交技巧最有价值的时候。

当你学会如何将潜在的火山爆发转化为有益的和有建设性意义的相遇时，当你知道如何将挫折变为成功时，你就能创造一种无价的内心平静和自信。所以，深呼吸，张开双手，开启下一页吧。

“被动”联系也可以形成人际纽带。例如，每天早上你都会在有轨电车上向某人点头致意，或者与你不认识的同事打招呼，你总是在走廊里对其报以微笑。你越是经常与某人进行这些被动时刻的接触，你们就会越喜欢彼此，即使你们从未说过一句话。

第 8 章

# 创造有安全感的社交环境

我可以在任何话题的辩论中赢得胜利，打败对手。大家都知道这一点，所以在聚会上通常会避开我。为了表示尊敬，他们甚至经常不邀请我。

——戴夫·巴里

## 不要忽视任何一件小事

如果你对人与人之间的沟通抱着玩世不恭的态度，你可以说人们沟通的原因是想要得到某种东西。无论你与谁沟通都是因为你要满足自己的一些需求及欲望。也许你渴望得到关注、赞美，找到归属感或被人尊重的感觉，或是得到金钱、帮助，或者一份工作。因为每个人的情况都是如此，所以听起来并不那么愤世嫉俗。管理需求正是社交网络需要做的，也就是所谓的合作。

通常来讲，社交技巧是为了更好地了解他人的需求，以便能满足其需求。

然而，有时候你的需求和其他人的是相互矛盾的。或者，更准确地说，偶尔你会遇到一些人，他们不知道什么最适合自己，也不愿意倾听你的话。你如何应对社交时候的紧张局面——究竟是逃避还是解决问题，可以决定你是否能获得新的职位，能否与其他人建立深厚而有意义的关系，能否继续厌烦已久的工作，或能否与很快会成为下一个前任的人约会。这是你社交能力真正接受考验的时候。拥有社交技巧意味着你能参与具有困难性的对话，并能很好地控制对话的方向，从而找到人人都满意的解决方法。即使参与消极的话题也没有紧张甚至崩溃的感觉。我并不是建议你用“棉花糖”来掩盖你的意见，因为一旦其他人意识到你为什么这么好，这种技巧会带来不好的影响。

许多人认为我们必须在说出真相和维持关系之间做出选择。当你的祖母问你是否喜欢圣诞节她为你编织的驯鹿毛衣时，即使那时候你还小，你也知道她其实问的是你是否喜欢她。如果你当时没有意识到这一点，那么圣诞节的时候你的祖母就会很失望。因为不想伤害别人，所以当危及人际关系时，我们学会了说谎。在我们进化为人类之前，战斗或逃跑就已经编入人类这个物种的防御机制中。参与冲突就意味着战斗，避免冲突就是逃避，没有人愿意告诉我们，还有第三种选择。你可以完全坦率地表达自己的观点，同时也尊重他人。这样你就可以避免战斗或逃跑了。

越是需要的时候越感觉自己缺乏口头或脑力训练。如果有人说出你不赞同的话语时，可能会触发你的化学系统。你的肾上腺素会上升，大脑中的原始功能会判断你的额叶不需要任何血液（额叶是用来理性地思考和争辩的）。相反，血流会重新调整路线，去帮助诸如用力击打或快速奔跑等活动。输送到手臂和腿部肌肉的血液越多，就越不可能进行抽象的或长时间的思考。盛怒之下[①]语言能力并

① 顺便说一下，“盛怒之下、一时激动之下”很恰当地描述了自主神经系统启动并让你冲动的感觉，你的体温会上升，甚至可能开始出汗。如果你真的觉得房间太热了，这个迹象就表明你被肾上腺素冲昏了大脑，而且很难认真思考。

不是唯一的“受害者”，你解决问题的能力也会被削弱。这意味着当你进行可能需要你使用所有智力资源的谈话时，如果可能，这次谈话会升级为真正的冲突。你只能依靠自己才能恢复弗雷德·弗林斯通所说的理智。这种时候，我们当时所说的话、做的事可能很有道理，但事后我们可能自己都难以置信。

我在书中已经几次提到冲突解决专家凯瑞·帕特森，他认为人类大脑通常用于冲突管理的策略正是阻止你解决冲突的那些策略。当你即将做什么的时候，想想你的感受。

……与某人分手。

……让同事知道她有狐臭。

……让别人还钱。

……向老板反馈她不妥当的行为。

……和自己的另一半谈论自己对性生活的不满意。

如果你遇到过以上这些情况，我猜你首先感到的是焦虑，这与逃避是一回事。几秒钟后，你会冒出这个念头：我该怎么告诉她这件事?

这意味着你肾脏上方的肾上腺素腺体被触发，你的思考能力付出了代价。这就像三十年前英国心理学教授诺曼·迪克森所说的：

“毫无疑问，我们是自己最大的敌人。”

事情不能像这样继续下去。如果你的大脑反射让身体做出反应，你必须控制它做出不同的表现。因此，在本章我们将探讨一些技巧，可以加强你和说话人的关系。你不必为处理棘手的问题感到焦虑，因为你的谈话会有积极的结果。在第三章，你知道对话中最初的几句话不太重要。但接下来，我们讨论的是如何开始普通的谈话。如果有分歧，情况就会恰恰相反：你最初说的几句话就会起决定性作用，决定着你是否会在谈话中遭到重创。所以，让我们深入社交技巧中令人兴奋的这个方面：如何把控谈话高潮。

困扰我们的往往是小事情。这是一个被普遍接受的事实，我们在无关紧要的事情上变得紧张，因为我们害怕遇到让我们烦恼的，更大、更严重的威胁。我们总是讨厌别人没有刷好盘子，而不愿面对我们不再喜欢这个人的事实。或者可以说，让我们恼火的东西太琐碎了，我们很容易因为小事而发火。压力大的工作环境可能很难定义，但电子邮件中难以理解的会议记录可以成为很好的愤怒目标。

但我不相信这个普遍接受的事实是正确的。有时候，小事情本身就很烦人。尽管它们只是小事。有这么一个故事——讲的是一个人从美国东海岸到西海岸。后来，一位记者问他这次冒险中最大的挑战是什么？是山、沙漠，还是城市里的人？那个人说不是这些，最大的挑战是鞋里的沙子。

小事没有处理好可能会逐渐变为愤怒的来源。这是一种自然的反应，如果不是这样的话，那么反而奇怪了。毕竟，你走路时鞋里的沙子比你爬山的时候要多得多。通常，这些小事情也存在于你与其他人的关系中，比如你的老板、你的雇员、你的同事、你的同学、你的朋友、你的孩子、你的父母。小事无处不在，如果你不处理，则有可能导致严重的问题发生。所以，在等待一场可能会动用你的社会超级力量的冲突时，你不要犯“忽视小事”的错误，最好的办法是解决各个层次的摩擦。

然而，解决小问题、忽略更大的问题是导致学校、家庭、企业和政府机构效率低下的主要原因之一。我的观点是，你不应该因为问题的大小而忽略它。

在上一章，我建议你把希望改变的事情列出一份清单，以帮助你看看哪些更重要，哪些可以忽略。但是你需要的不只是一份清单才能知道你需要解决哪些潜在的尴尬局面和冲突。这种情况下，这样想对你可能会有帮助：通过解决问题，你知道你希望达到的结果。如果没有发生，你也应该考虑结果会是什么。如果不解决冲突，就要设想最坏的可能和最好的结果。你可能会发现，可能发生的最糟糕的结果与你所希望的事态之间的差别很小，不值得产生卷入冲突后那样大的情感压力。你可能会学着适应它，但你也应该意识到如果不解决，即使是最好的后果也比你想象的要糟糕得多。解决冲突比你想象得更重要！

找到忽视（或者未能解决）某些情况时最好和最坏的结果，是确定哪些事情是值得努力、哪些事情是只需要深呼吸的一个很好的方法。

也就是说，当考虑一些对我们来说比较重要的困难情况时，我们偶尔会分不清轻重缓急。一个常见的错误是不想解决具有“世俗”或实质影响的问题。某些需要付出额外努力的事情会耽误你做原本应做的事情，或消耗你的时间或金钱。不要误以为自己会宽宏大量，我们对这类明显的负面影响的接受度在某种程度上要低于我们的想象。我们要坚持不懈，直到我们的情绪问题出现，直到需要解决的严重的冲突问题出现。

具有讽刺意味的是，如果你能给他们提供明确的例子，那些和你发生冲突的人往往会更容易理解他们对你产生的负面影响。金钱和工作时间可能很俗气，但并不意味着这两件事不重要。此外，视觉效果也会影响无形的方面，比如你的情绪和价值观。解决那些对你的生活有实际影响的问题时不要犹豫，它们很可能是最容易解决的。

## 责备不是解决问题的办法

当你和某人发生冲突时，你很难意识到自己是如何导致这种情况发生的。即使这说得通：如果你没有参与，你就不会有问题。事实上，无论发生什么事情，都是因为你做了或没做的事情引起的。或许你会认为冲突的另一方才是造成这个问题的人。但事实是，你所面对的问题只存在于你的脑海里。如果你问对方，她可能对此一无所知。

问题的产生总是和人没有实现的需求有关，但是这个问题并不适用于所有涉及的人。有时候，它只与你有关。当咖啡店柜台后面的那个人假装看不到你时，你要离开派对却没有人开车送你回家时，当你对服务或睡眠的需求没有得到满足时，这就可能引发问题。你是唯一的一个遇到问题的人，因为咖啡馆老板或派对嘉宾可能满足了其他人的需求——或许正是由于这样，你的需求没有得到满足。他正忙于谈论自己的胡子，她正随着爱卡娜女王的曲调翩翩起舞。如果你告诉他们“我们有问题”，他们很可能会采取防御措施，当有人指责他们有问题，而他们不认为是自己的问题时，就会发生这种情况。当然，只要都是你的问题，他们就没有理由帮助你解决问题。

“好的，我马上为您服务，但赶时间的人不是我。”

“你不能自己回家吗？其实这是你的问题，不是我的问题。我要整夜跳舞。”

当然，你可以寻求帮助并希望对方同情你、帮助你，但更好的选择是把问题转化为双方共同的问题。

“如果你不接受客户的订单，你打算如何留住生意？”

“我知道你现在不想开车回去。但是如果你不能带我回家，我唯一的选择就是和你姐姐一起睡在这里。”

虽然你发现的问题会有很好的效果，比如公司亏损，但将事件定义为问题仍然需要你的解释。你会认为你的解释是正确的，而且也有可能是正确的。但很有可能你的解释是不正确的。没错，这些解释会引起新的问题，而且这不是你最后一次看到出现这样的情况。

我们常常从“自己是对的，别人是错的”的立场出发，这似乎是一种明智的态度，甚至认为这是对的，但恰恰是这种想法引起了麻烦，这种态度是错误的。所以你错了，因为这是谈话的内容。在沟通不畅的对话中，谁说的是否是事实不是重点，重点是不同的观点、解释和价值观之间的碰撞。或者，正如道格拉斯·斯通说的那样：谈话之所以不顺畅不在于谈话的内容，而在于谈话到底意味着什么。严肃的谈话不是关于真相是什么，而是关于什么是重要的。

意识到你应该为这样的问题承担一些责任是很重要的，而问题恰巧在于你们各自的意见。意识到了这点，当冲突激化时就可以避免最容易出现的情况：指责。如果你知道自己也有责任的话，就不会总是指责对方。我不是说你们应该彼此责备，我是说你们应该避免讨论谁应该承担全部的错误。责怪他人的感觉很好，会让人感到轻松许多。实际上有许多类似的讨论，谁犯了错误，谁感到委屈，谁应该负责。这些对话会让人情绪变坏，让谈话不能顺畅进行，这是没有好处的。

惩罚和责骂他人不是找出事情真相的好方法。如果你不明白为什么会发生这种情况，你就只能大喊大叫。责备会让你无法找出真正导致问题的原因，并阻碍你解决问题。责备会让事情恶化，让查找真相变得更加困难，也不利于事态好转。

## 找到共同的解决方案才是重要的

责备他人完全是为了判断事态。看看你和他人都做了什么才导致现在的局面，就是希望了解情况。与其问是谁的错，不如弄清楚自己是怎样陷入困境的。就像我说的，现在发生的情况，肯定有你的责任。当然，你的责任可能不如其他人那么大，可能全面考虑之后你的责任甚至微不足道。也许这不是因为你做过什么事，而是你没有做到的事。或者，从道德规范看，可能你的参与不应该受到谴责，但都一样，这听起来可能非常不公平，即使是在街上被抢劫的人也仅仅因为在场而对这种情况的发生做出了“贡献”。这绝不是为劫匪的行为辩解，但是当你在寻找解决方案时，要理解每个人都是如何促成这种情况发生的，这很重要。你能发现的责任方越多，你就能找到更多的解决方案。例如，避免再次被抢劫的解决方案可能是试图改变潜在抢劫犯的行为，但是另一个解决办法是避免在一天的某个时段出现在危险的地点——只有当你意识到这些因素导致事件的发生时，才会想到这个解决方案。①

如果你很难看出自己是如何促成冲突的，就应该换位思考。她会如何看待你应该承担的责任？想象自己是另一个人，并像她那样回答："我不认为萨娜有……"

这样做感觉有点儿愚蠢。但是从别人的角度来看自己，往往能给你带来你需要的理解。

很难确定是哪些人引起了这件事情。现在，如果我们意识到某些事情不完全是我们自己或者完全是别人的错，而是双方都有责任，那么我们没有想过的其他人是否也参与其中了？在上面的例子中，这种潜在的参与者可能是城市交通部门，它们没有更换路灯上的坏灯泡，造成整个街道一片黑暗，这有利于抢劫的发生。

寻找责任方可以产生有趣的看法。首先看一个有明显因果关系

---

① 如果你认为后者的建议听起来不公平，那是因为你仍然在考虑内疚因素。但是"不要参与"与"事情的发生你也要承担部分责任"不是一回事。我不能过多地强调。遗憾的是，如果你坦白自己有责任，有些人会暗示发生的事情就是你的错。我们将在接下来的内容讨论如何对付这些"讨厌鬼"。

的例子：这是著名的电影《夺宝奇兵》的片段，印第安纳·琼斯被巨石追逐，这块巨石像保龄球一样碾碎了沿路的一切。他被追逐的原因是他偷窃宝物的时候触发了一个机关，偷走宝物导致他被当作人体“保龄球瓶”一样对待。这个机关的寺庙守护人就是这样分责的，两个责任人，两个作用者。但是我们也可以问自己为什么会先设置机关。也许这些寺庙守护人只是厌倦看到他们的财富被寻宝者偷走。但为什么这些宝藏会成为盗贼的理想选择呢？也许当地居民已经破产，他们希望通过窃取和出售寺庙的金像改善自己的生活状况。如果这是真的，那么这里就有另一个因素在起作用：几千年前的南美洲经济体系（或者不管机关有多么古老）。

各个部分已确定，是时候看看该如何改变这种局面，使我们能在未来得到想要的结果。

对《夺宝奇兵》中的一系列事件进行简单分析可能会得到一种解决方案，印第安纳·琼斯在破解机关方面会做得更好。也许他应该带上一个量杯，以便调整沙包的重量。若更深入地分析造成这场冲突的因素，你会意识到，帮助印第安纳生存的更可持续的方式是改变早期的经济体系。如果世居民族的生活条件变好，他们就不再需要偷黄金来生存了，这意味着寺庙守护者将不需要任何机关，印第安纳·琼斯将来能够安全地进入他们的宝藏室。（直到寺庙的守护人发现他正在偷他们的东西，只能再次设置机关。）

谁会想到，乔治·卢卡斯和印第安纳·琼斯这样的演员会教给我们这么多关于冲突解决的办法？当然，如果是我设置了机关，巨石就会滚进隧道里而不是隧道外。

在现实生活中，尽管冲突很少有明确的因果关系，但促成因素在一个多少有点儿复杂的系统中会相互作用。假设一个已婚女人不忠诚，她说这是因为丈夫没有给她任何关心，丈夫起到了什么作用？如果他的妻子没有给予他任何关注，那他是如何导致此事发生的？还有谁应该负责？妻子的老板不断分配给她项目，要求她工作到深夜？我想提醒你，不是要弄清楚是谁的错，而是要了解是什么行动体系导致了当前的形势，只有这样你才能找到持久的解决方案。

当然，在开始谈论你是如何促成一种情况时，也有风险：另一个人可能会简单地说："没错，都是你的错！"他会用你的"忏悔"作为借口，把所有的责任都推到你身上，而不考虑他自己有没有错。所以，需要清楚的是你们双方都有责任。如果另一个人不同意这个观点，仍然认为都是你的错，你必须解释你不这么认为。尽可能清楚地指出别人做了什么或说了什么，并解释这也有她的责任。明确表示你对她的陈述没有做出任何判断，你不想责怪任何人。

你："我们能不能讨论一下，我刚才生气的时候我们都做了些什么？我情绪激动非常不好。"

她："是啊，你无缘无故对我大喊大叫。这个问题都怪你，我什么也没做。"

你："好吧，我们都参与其中。当你开始谈论烤箱时，我很生气。是我们两个人造成了这种局面。"

她："什么？我谈论烤箱不是为了让你生气！这不是我的错！"

你："可能吧。但是我的反应仍然是你的所作所为引起的。所以，我们两个都有责任。我并不是想弄清楚到底是谁的错，我只是想知道发生了什么。”

共同回想发生的情况不仅是解决问题的最佳途径，也是让人达成解决方案的最佳方式。注意，如果我对你说下面的话会发生什么：

“这次我是对的。”

你能感觉到潜台词是你错了吗？

因为这就是我要说的。如果我处理事情的方法是最好的，那必然意味着你的方式不太好。这种说话方式会让其他人为自己辩护，保护他们的自尊心，他们的名誉，或是任何受到攻击的事情。同时，它也会导致另一个人精神上的不平衡。如果我说我是对的，你错了，就相当于我说我很聪明，而你不聪明。问题是你自认为很聪明。突然，你脑海中的两种想法相互矛盾：我暗指你不聪明，虽然你认为自己很聪明。要想解决这个冲突，要么改变你的自我形象，同意我是对的，在这种情况下，你的自信就会像在火焰中一样熊熊燃烧。或者，你认为自己聪明的想法是正确的，而我就是那个犯错误的人。随后，你要么试图说服我，为什么你的方法是最好的，要么把我当成傻瓜。这些策略都不利于我们得到一个共同的解决方案。

## 得到某样东西最好的方法是索求

如你所知，要将事件的解释与事实分开是很困难的，因为你认为自己讲述的关于世界的故事是真实的。

当他们把你置于受害者的角色时更是如此。在这类解释中，残忍、吝啬的总是别人，而你总是那个受害者。你从不做任何恶意的事。（当然，有时候你把事情搞砸了，但这不是你的错。）当你是受害者时，你假定其他人的意图是最坏的，或者表现得最无能，根本就不考虑他们有好的或至少是中立意图的可能性。当你发现自己在冲突中做出这种解释时，可能是时候该考虑自己对这种情况的“贡献”了。也许你忘了说什么，导致对方缺少做正确事情所需的信息。这不是你的本意，但还是促成了事情的发生。通过这种方式，你会把恶棍变回好人。用你的共情心，问问自己为什么一个理智、理性和得体的人会做她刚刚做的事情。这样做的目的不是给不好的行为辩解。如果她做错了什么，她应该对此负责，问题可以帮助你发现你自己的想法。你的移情能力和对其他人真实情况的理解能力永远不会比解决冲突更重要。

当你分享自己的观点时，你应该邀请其他人也这样做。问问他们是否对这件事有不同的看法。因为你一直在谨慎地表达自己的感受（而不是从事情的角度出发），并且清楚地知道你总是从你自己的观点出发，你可以询问对方的感受。承认他们的情绪，但不要试图在这个阶段“修正”任何东西。不要说：“你是这么认为的吗？在这种情况下，我们不如这样做吧！”现在解决这个问题还为时过早，你应该说：“你是这样认为的吗？我不知道你有这样的想法。”

这表明你想了解对方，想为双方的沟通找到一个共同点，这样会让她更容易接受你的想法。心理学家海因茨·科尔哈特可能是对的。他说，本质上激励人类的是两种情感需求：被崇拜的需求，被理解的需要。

明确自己的愿望，并且明白是你希望实现这些愿望。

不要说："我们以后再看预算好吗？"

解释一下预算对你来讲很重要，你要说："希望我们能查看一下预算。"

不要说："你想来我家吗？"

而应该勇敢地说："我希望你能来我家。"

社交技巧和生活规则一般是这样的：如果你想要什么，就说出来。因为得到某样东西最好的方法就是索求。最后一句很重要：**得到某样东西最好的方法就是索求。**

## 明确且果断地表达你的意思

尽管理解、公开、公正是很重要的，但你还是需要下定决心找到解决冲突的方法。这听起来很矛盾，但你越有同情心、越专注，就越有决心在不伤害任何人感情的情况下解决冲突。

果断就是勇敢地表达出你自己的意思、意图、承诺。明确且果断的人往往更能满足自己的需要，得到别人的尊重，被人推荐为领导者。这类人善于交际，有着广阔的人脉关系，不是因为人们不敢和这样的人发生冲突，而是这样的人更能让对方理解。

学习这项技能的第一步是我们已经讲过的内容：不带主观色彩地描述事实。不要说："你故意浪费每个人的时间。"而是说："你说的时间比我们约定的时间长了 30 分钟。"坚持陈述事实。

第二步是基于自己的情况做出陈述。不要责备对方，从感情和实际的角度出发描述你的处境，并解释这对你意味着什么。解释发生了什么，影响了什么，以及你是怎样感觉的。“你提早离开，我不得不独自完成剩下的工作，这让我很生气。”让你的描述尽可能具体和详细。

第三步是使用安全而有力的肢体语言。保持一种放松的姿势，因为紧张的姿势表明你准备攻击某人或为自己辩护。这些反应都是不必要的。保持眼神交流（但不要指责似的盯着对方），表明你的意思，证明你是认真对待谈话的。

当你要讨论一个问题的时候，先开口是一个好办法。通过这种方式，你可以表达出你想要什么样的对话，并证明这是一个双方都需要参与的过程。一定要简短，至少一开始应该这样。不能一开始就给对方过多的负担，因为这样他可能不太知道你要提出的是什么看法。如果在你讲完之前她不打断你，你可以表明你的话语会保持言简意赅的特色。

## 创造有安全感的心理环境

当你询问别人某个问题时，她会不自觉地做出解释，并可能进入防御模式。如果你想减少这种可能性，让她能真正地理解你所说的话，那么在你做其他事情之前，你必须先做两件事。首先，在对方最容易接受的时候开始对话。当她疲倦、饥饿、压力大或心烦意乱时，不要提出一个敏感或严肃的话题。

其次，你要为谈话创造一个有安全感的心理环境。对话意味着自由交换意见。但是，没有什么比恐惧更能迅速扼杀这种自由的交谈了。当你害怕别人不把你当回事的时候，你就太过努力了。当你害怕别人问你问题的时候，你就退缩了。你所说的几乎不会导致其他人进入防御模式。谈话进行的方式比谈话内容更重要。当你说话时，你必须确保对方感到安全。当她知道你不会指责、评判或攻击她，你想要的只是一个积极的谈话时，她会减轻防御心理。

即使你曾经收到过可能让你感到很痛苦的反馈，但从某种角度看也没有那么糟糕，这可能是因为给你反馈的人首先在确保你感到很安全。

两个警告信号表明别人在精神上没有安全感。第一个信号是他们发起了敌对行动，比如侮辱你（“什么，蠢货！”），讽刺挖苦你（“是的，那就行了！”），用大量反驳的语言（“由于这十个理由，所以这根本没用！”），或者对所涉及的人员（“他们互联网技术部门的人都那样”）或建议性的解决方案（“这从来没起过作用”）进行概括。

第二个信号是当他们变得躲躲闪闪的时候，比如回避问题（“我们现在有必要讨论这个问题吗？”），试图改变谈话的方向（“当然，更紧迫的问题是……”），或者为自己找借口离开房间。

过去你对这些情况的反应可能是用更有力的反击来回应，并将逃避的行为作为这个话题显然对另一个人来说是很痛苦的证据。所以，你让步了，并许诺你不是那个意思。在这两种情况下，你都不再试图解决冲突，而是开始寻找方法来赢得胜利，惩罚对方，或者只是保持你们之间的和平。这些反应是自然的反应，不能解决任何问题。攻击和逃避是一个人感到不安全的信号。如果你想摆脱这个问题，那么你需要消除这种不安全感。

我们的好朋友帕特森指出，当肾上腺素开始在我们的身体里加速上升时，我们经常会不假思索地改变动机。不是解决冲突，而是开始讨论如何挽回面子，如何做得对，如何抓住对方。当你觉得自己的声音开始提高时，这是一个警告，表明你开始有点儿偏离谈话的主题。在这种情况下，你应该停下来问问自己：

"我到底想从这次谈话中得到什么？"

如果这太抽象，你可以把它分解成更小的问题：

"我自己想要什么？"

"我希望别人得到什么结果？"

"我想要什么样的关系？"

当你问自己这些问题时，你可以转到更大的问题：

"如果我真的想得到这样的结果，我该怎么做？"

视情况调整你的行为。

那么，如何创造一个有安全感的心理环境呢？如何让与你交谈的人能自然地感觉到你重视她的观点，让她觉得你想找到一个对她有好处的解决方案呢？理解这一点非常重要，你很可能会改变你的行为，比如你的身体语言和语气。创造安全感的另一个重要因素是确定一个共同的目标，我们将在讨论如何妥协的时候谈到这点。

我们可以借鉴上一章开头的另一个好方法：解释你不想马上就得到回应。如果对方没有回应，或者至少现在不回应，那会增加她将来回应的机会。把你的问题和解决问题的意愿作为请求而不是要求来表达。当你还没有解决问题的时候，恰巧她也不想解决这个问题，那她对你的信任会增强。一旦她经过一段时间的思考，她带着解决问题的方法来找你的可能性就会增加。

多表达你理解对方或正在听对方的谈话，这样可以给对方提供安全感。

“我听到你说的话了。”

“我以前从来没有这样想过。”

“我不知道你是这么想的。”

然而，要注意对别人的意见保持开放态度和贬低自己之间的区别。避免说出下面这些话：

“我可能错得厉害，可是……”

“现在每个人都会认为我是个白痴，但是……”

允许别人发表意见并不等于不允许自己发表意见。

> 请记住，所有问题都是为你要实现的目标提供信息。当冲突发生时，通过问自己为什么要问这个问题你可以轻松地判断问题是有利于还是会妨碍你们的对话。唯一可以接受的答案是：“为了获取更多的信息。”

然而，我个人最喜欢创造安全感的方法是“对比”。“对比”

是解释你不想从谈话中得到什么（让对方感到受到攻击，或者让另一个人认为你有自私的意图），并且将它与谈话中你想要知道的内容并列的方法（你们共同努力找到一个两人都觉得有意义的解决方案）。有时候人们会认为你说的话太苛刻，尤其是在冲突中。对比是一种很好的纠正方法。你注意到有人误解你时，你可以暂停讨论并使用对比的方法：

“我不想让你认为我不重视你。如果你是这样认为的，那么是我表达得还不够清楚。相反，你对我来说很重要。我想要找到一种能让你的技能真正发挥作用的处理方法。”

你可以在谈话中随时使用这种技巧。①

然而，我认为只有在对话前使用这种技巧你才能体现它真正的神奇之处。有时候，你只知道有些人会在你还没开口之前就提高戒备，拒绝听你说话。如果别人已经对你和你的观点有了太多了解，你所有建立安全感和同情心的尝试就都白费了。在这些情况下，对比是一个很好的工具，你可以用对比的方式开始对话，这样对方从一开始就能知道你的意图，也就不必那么担心了。

你可以在任何对话中都这样做。一天下午，我从一场演讲中回到家时，我的妻子在门前迎接我。她显然很沮丧，对我说：“你十几岁的儿子在自己的房间里。他今天又逃课了，我已经对他训斥了一番。你得跟他谈谈，不能再这样下去了。”

---

① 然而，对比并不是道歉。也并不是你对你所说的有所让步。你不是在说：“哦，这不是我的意思，我收回！”或者：“算了吧，没什么大不了的！”你还在坚持你的观点。你只是想说清楚你没说什么。

被训斥之后，我意识到在我进入他房间之前，他可能已经处于防御状态（他可能坚信父母大多都不是好人）。但我妻子也是对的，我确实需要和他谈谈。我发现他坐在床上，膝盖抵着下巴，双臂搂住双腿，怒视着前方。这确实是防御状态。我没有责骂他，而是说：

“我们得聊聊发生的事情。但是我不想让你觉得我在批评你，或者我把你当成了傻瓜。因为我不是那么想的。我想我们应该想一个我们都能接受的方法解决你逃课的问题。你愿意和我谈谈吗？”

当他听到这些话时，他紧张的肩膀垂了下来，额头上的皱纹舒展了。他花了一段时间才做出口头回应，但他觉得不必为自己辩护，也得到了别人的理解，从他的肢体语言中我可以明显看到这一点。这让他松了一口气。当然，我们最终得出的解决方案远非完美。但这只是第一步。

有时你会提前知道某人会如何反应，因为你很了解这个人，或者从经验中得知最常见的反应是什么。在这些情况下，你可以练习使用对比的方法，以应对这种反应，并找到最好的方式来提出你的问题：

“我怎样才能确保她不会感到被攻击，同时又能表达她按时上学是多么重要？”

“我该如何向我的邻居解释他们在打扰我，而又不让他们觉得我很小气呢？”

## 妥协是最糟糕的解决方案

当你提出一个问题时，偶尔会发现另一个人会提出她想要满足的需求，而这种需求恰恰与你的意愿相反。所有人的意见都不一致时，最好的解决方案是什么？经典的解决方案是妥协，我们尽量满足每个人的愿望，这似乎是一个合理的方法。如果你想要黑色，而我想要白色，我们必须各让一步。但实际上，妥协是最糟糕的解决方案。假设第一个选项是选择你喜欢的黑色。第二个选项是选择我喜欢的白色，妥协是第三种选择。在前两种解决方案中，一个人的需求得到了满足，另一个人的需求没有得到满足。但第三种解决方案满足了多少人的需求？谁的需求都没有满足。因为我不想选择灰色，你也不想。妥协是让每个参与者都有点儿失望的最佳方式。

我们把冲突定义为以牺牲一方意愿的代价来满足另一方的意愿。这就是为什么我们相信，当有人叹气说："好吧，如果你答应再也不会打扰我了，你同意这点我就同意那点。"我们做出了一个很好的决定。但是，一个不能满足任何人意愿的解决方案怎么能成为一个好方案呢？当然，至少他们的失望在本质上是民主的，因为当妥协是公平的时候，每个人都同样失望。但这仍然不是一个好的解决方案。妥协会扼杀创造力，降低人们的积极性，并使他们付出代价。

另外，冲突会陷入泥潭，通常是因为 A 要求一件事，而 B 要求另一件事，双方都不愿意退让。这也不新奇，这个解决方案是要改变你对这个问题的看法，透过对方表达出的需求或欲望，专注于背后真实的需求。你会发现，我们提出要求只是为了赢得我们真正想要的东西所采取的策略。

这方面的一个经典例子是两个在图书馆自习的学生，他们中的一个想把窗户打开，另一个想把窗户关上。他们找不到一个双方都满意的折中方案（每 5 分钟开关一次，或者让窗户半开着？），他们开始探讨为什么希望窗户打开或关闭。他们不同的欲望会满足哪些需求？原来想打开窗户的学生觉得图书馆太闷了，需要新鲜空气。想要关窗户的学生不想吹风，担心自己会感冒。一旦确认了他们的需求，就能找到使双方都满意的一个解决方案，而且不需要任何妥协。

解决的办法是打开隔壁房间的窗户。

我们在冲突中表达意愿是满足各种不同需求的手段。如果我们能把手段和需求区分开来，就可以增加尽可能满足所有人需求的概率。因为满足需求的方法通常不止一种。当你和其他人一起努力以这种方式寻找解决方案时，没有人必须放弃或退让。相反，他们有机会发挥创造力，找到解决问题的新方法。

任何沟通中都存在着这样的真理——无论谈话是大是小，人们想要得到的东西往往比他们所表达的东西要多，这是核心真理之一。所以，问问他们想要什么，问问他们为什么想要这些。如果他们不知道，问问他们若要同意你的建议还需要做些什么，或者问问其他的问题。这样的问题可以帮助上面提到的陷入两难境地的学生找到解决问题的方法。

学生一：“你怎样才能同意把窗户关上？”

学生二：“我们必须确保有新鲜空气进来。”

在大多数情况下，问别人需要什么情况下才能同意你的意见是一个很好的方法。你问的那个人会告诉你她的动机是什么，以及她是如何面对这种情况的。为了确保所有相关的需求得到解决，你应该确保你的解决方案是充分的。可能还涉及其他没有确定的需要。

学生一：“那么，如果我同意让空气从其他地方进来，可不可以把这里的窗户关上？”

学生二：“不，我不同意关上窗户。”

学生一：“好吧，为什么呢？”

在招聘的时候，情况可能是这样的：

招聘人员：“怎样才能说服你接受这个新职位？”

IT（互联网技术）人员：“加薪。”

招聘人员：“如果我能给你加薪，你同意换工作吗？”

IT 人员：“不，我不会换工作。”

招聘人员：“这意味着你还需要得到别的东西，还需要什么？”

通过发掘你的潜在需求，你可以向对方证明她的需求对你很重要，因此她对你也很重要。然而，你要清楚地表明你自己的需求也很重要，只有当解决方案符合你们两个的需求时，你才会满意。你表现出的这种尊重会让她更愿意和你一起寻求解决办法。

花点儿时间弄清楚你自己的需求，倾听并确保你了解其他参与者的需求。然后，用一句话描述你们的冲突。“我想呼吸新鲜空气，而你不想感冒。”[1] 这样表达你的需求，可以把解决问题的时间缩短一半。

但是，有时候解决办法涉及的不仅仅是打开一扇不同的窗户的问题。当你要满足不同的需求时，需要经过很多思考才能找到一些合理的解决方案。找到最合适的方法不是一件容易的事情。逐一考虑每个建议可能会浪费大量时间。如果你列个清单，那么这也会使你很难专注于你应该做的事情，即解决问题。因此，我想就如何使此过程更加简短和高效提供一个很好的建议：先把你想到的每个想法不假思索地写下来。当你制订出可行的解决方案清单后，请其他人选择她喜欢的建议。同时，选择你认为最能满足自己需求的选项。找出你们双方都选择的解决方案，并一起挑选其中一个。你们现在需要做的是就此达成一致。

> 每个人都需要有自己控制局面的能力。社会在改变时，失去控制的感觉尤其令人不安，所以人们对这种事情的抵制如此强烈也就不足为奇了。而他人所担心的变化越紧迫，其防御力就越强。处理这种问题的好方法就是让每个人都参与到制订解决方案的过程中来。但这超出了你亲自参与这个决定的程度。这也是一个参与控制变化的问题，他们越是觉得自己有控制权，改变就会越顺利。此外，你不能在你奋力抵制的过程中扮演一个积极的角色，如果相关人员

① 注意这里的措辞。你习惯使用“但是”这个词，“我想要这样，但是你想要那样。”这是以冲突为导向的古老的思维方式。现在可以这样说：“我想要这样，你想要那样。”这样就不会出现满足一方需求战胜满足另一方要求的局面了。

被赋予改变的责任，他们必须放弃抵抗，才能做好工作。

## 你对别人的抗拒导致了别人对你的抗拒

是的，我知道。他们的确存在，那些忘恩负义的人，在你为他们做了那么多之后，仍然会交叉着双臂说“不”。不管这种行为多么不合理，当你试图倾听和理解他们的时候，他们会花时间来攻击和评判你，他们固执己见地认为谁是对的，谁是错的。

为什么有些人似乎更了解情况仍会如此敌对，不愿意合作。你告诉她某人的行为对你有负面影响的事实时，并给她一点推动力，她会本能地后退，她对你清晰的表达并不赞同，你会觉得她忘恩负义，但是出现某种防御反应还是很现实的。你可以通过创造安全感或者对比来降低这种反应的严重程度，但这种情况仍然存在。

你看，他人的抗拒是由你造成的，对方只能抗拒你说的或做的。没有什么可防御的，也就没有防御行为，你也不能控制别人的行为，只能控制自己的。既然她的反抗是针对你的行为，这就成了你的问题。

更确切地说，是你对别人的抗拒导致了别人对你的抗拒。如果你没有反对她的反对意见，刚开始就不会有问题。你们双方组成一个系统，通过改变系统的一部分，也就改变了整个系统的动态。如果你想接受她的辩护，你应该从你学到的开始：“我明白你在说什么，我希望事情有所不同。”

“你可能是对的”这句话似乎具有某种魔力。你可以用它来化解攻击，把力量转向解决问题。我之前说过，你不应该说自己是对的，因为这意味着另一个人是错的，但是说她是对的则是另一回事，尤其是你认为她可能是对的时候。听起来你同意她的观点，但这也为你的正确敞开了大门，或者有一种完全不同的看法——甚至她实际上是错的。在处理敌对方的反对意见之前，你可以通过暂时同意对方的观点来降低对方的愤怒。你实际上同意她有可能是对的，当然，从纯粹的哲学角度来说，这是真的。如果你认为她确实有道理，你甚至可以说："你很可能是对的。"不管怎样，你已经从炸药里拔掉了燃烧的引线，可以再次进行合理的讨论了。

> 不要在错误的事情上争论。提醒自己和对方你的目的，不要对恶毒的言语做出反应。当有人说了一些触动你神经的话，要举起你的"美国队长"盾牌，让这些话从你身上弹回去，然后继续说：
>
> "也许这是真的，但是……(回到现在的话题)"
>
> "我们现在不应该讨论这个。我说的是……(回到现在的话题)"
>
> "也许我就像你说的那样，但是……（回到现在的话题）"

然而，有时候对方会严防死守。所以有一些特殊的对抗方法，能提高你的社交技巧以应对这种情况。

有些人用问题作为防御策略。"那肯定不行，请解释一下你的想法。"不要与他们争论，争论的结果只有一个赢家和一个输家，这不是你要的结果。你也很容易因此分散注意力，最后，双方需求都得不到满足。

可能是对方不想理解。她听到了你说的话，也能明白你的推理，但她不同意你的结论。也许这是对她自我意识的一种威胁，不符合她的习惯，或者让她感到不舒服，也许她懒惰、刻薄，或者自认为比你知道得多。因此，她不会确认你的结论是否正确。一旦他们对你不耐烦，你就会明白他们是什么样的人了。

“我不在乎你说什么，别跟我唠叨了，免得我生气。”

这样没有任何一个人会支持你，至少在那时不会。向对方解释你不是故意唠叨，然后重复你的完整想法，就像对孩子那样解释清楚，让她接受这一切。至于你自己，你必须承认你对这个人的期望太高了。

## 如何面对开玩笑的人？

攻击你的一种方式是开你的玩笑。在别人面前拿你开玩笑、贬低你就是为了降低你的地位或你言语的可信度：

“接下来的半个小时，我们要听麦琪讲话，从她今天的发型来看，她今天早上有点匆忙……”

处理刻薄玩笑的最好办法就是接受它，并参与这个玩笑。参与这个玩笑是指不要消极地看待这个玩笑，这样就不会达到对方想要的结果。微笑，自我解嘲，在对方所讲笑话的基础上，添加自己的理解，让笑话更加搞笑。

“我的头发倒没什么事！只是不小心穿上了我丈夫的内衣！但我觉得他的处境比我更糟……”

然后，继续你应该谈论的话题。只是要确保你不会因为这个笑话而离题太远。这可能会给人留下咄咄逼人的印象。保持友好，不要太激烈。这样你就会向他们表明那些言语不会伤害你，你忽略了那些充满敌意的含沙射影。这也意味着其他人会比那些贬低你的人更能看到你好的一面。

但是，如果有人真的想羞辱你，这种方法是行不通的。在这种情况下，你所能做的就是盯着那个人，然后问他：

“你有什么问题吗？”

大多数人听后会立即停止。

此外，在你找到终极、完美的解决方案之前，不要陷入不满足的陷阱。有些人想要终极完美的方案，但这只会让事情变得更加困难。这样做会让你的想法听起来是没有经过仔细考虑或者是无效的，其实你只需要实际一点儿，找到一个可行的解决方案。这些人将会竭尽全力保持这一点：

“所以，你认为我们最好用学生作为替补演员，而不是不找替补？那么在这种情况下，为什么我们不能找一些马戏团的小丑呢？你显然不关心工作的质量。”

他们从来不会提出解决方案，只会指出你方案的问题所在。他们认为自己是对的，因为寻求最好的解决方案似乎最有意义。他们没想到的是，你需要找到足够有效的解决方案。给他们看看你的方案清单，告诉他们哪些方案实际上符合你解决冲突的标准。

## 消除社交中的不确定因素

有些拖延者对所提出的解决方案表示“还有不确定因素”会推迟或改变方案。你必须果断地打断他们，立即质问他们到底是在质疑哪些具体问题。不要接受任何模糊地感觉或好或坏的描述。要一个具体的答案！他们很可能会无计可施，提出一些引起他们注意的小细节。

有一个关于核电站的故事，因为责任方无法就自行车架的设计达成一致，结果一直没有建成。我不确定这个故事是否真实，但它确实凸显了一些重要的东西：即使对某些具体细节有疑问，也不意味着细节之处在事情的宏伟计划中具有重要意义，可能有也可能没有。最好的办法是承认对方对这个细节有疑问，然后询问这与目前的讨论阶段有什么关系，弄清楚他们的想法是现在需要优先考虑的问题，还是以后再解决也可以？

既然他们不能仅仅因为对某些细节不太确定便使整个问题的解决进程停滞不前，那么他们很快就会放弃。

## 成为话题的主导者

只要有可能，帮助有这样想法的人是一个不错的选择。

当她谈及事实时，特别是她言之有理的时候，将其转换成你的言语。“我明白你的观点，但我要告诉你我的想法。”

当她指责你（“你是故意的！”）时，帮助她分清你的意图和效果。

当她想指责你时，解释一下造成这种情况你们两个都有原因。

当她做出判断时，注意情绪。

当她问你怎么了，你可以问她最近过得怎么样。

把谈话保持在一个平稳的轨道上，并引导它回到你认为有意义的轨道上。

如果这些对你没有任何帮助，请直言不讳，说清楚你已经注意到她的行为：

“每次我提起这个话题，你就突然不想说话、不高兴或者开始数落我做过的错事。我想知道为什么发生这种情况，我们需要找到一些能冷静沟通的方法。”

正如你看到的那样，我并没有给你提出解决方案。通常情况下，对方并不会意识到他所做的事情会对你产生负面影响。他们会不知不觉地触发心理防御保护其自我形象和情感。一般情况下这意味着，简单地指出一个人的行为就可以使某人做出改变。

如果事情真的变得非常糟糕，有人对你大喊大叫，你可以用破纪录技巧。第七章提到了这种方法。这是最后的绝对手段，因为这会导致你与他人断绝社交关系。但有时候，你别无选择，只能用这个手段。这个技巧基本上就是不管别人说什么，一直重复你想要表达的观点。这不是一种表达自己的常规方式，但是通过重复同样的句子（“我不是这个意思”“我什么都不想买”“关于这件事我已经说过了”），你可以避免给对方提供任何可以纠缠你的新信息。

如果你抛给她一个新的话题，她就会继续挑衅，如果你不上钩，她很快就会失去兴趣。如果说话的时候使用中立且平稳的语调，就会特别有效，因为这表明你不会屈服于任何情感勒索。

## 准备好社交技巧，用尽全力就好

尽管这本书中提供了尽可能多的信息，无论你学会了多少惊人的社交技巧，我承认仍然会有一些无法应对的情况。你不可能和每个人都讲道理。这就像瑞典广播喜剧《妈妈》中生活教练的角色："我们当中的一些人在能用刀叉吃饭之前就学会了弹钢琴，而有些人只会出现在游乐园。"

有些人简直让人觉得不可思议，或者，如果有人在正确的环境下按了正确的按钮，我们都可以成为不可思议的人。当这种情况发生时，不要太在意。这并不一定意味着别人看不起你的为人。事实上，她可能根本不具备那种能理解你所说的话的心理能力。我不是说她白痴（有的人的确是白痴），我认为她在那个时候就是白痴。就像我们有时候都会像白痴一样。换个时间，换个环境，情况可能会有所不同。但今天，她没有足够的理解力来应对你所提出的所有事实和逻辑论点。

像我这样的心理学者，我的工作中经常会出现这种情况。我的舞台表演包括让观众志愿者上台和我一起表演那些难以展示的心理活动。我首先要学会的一件事是如何给出指令，确保参与者准确地做到我需要他们做的事情。这是一门微妙的科学，因为如果观众没有按照我的指导，做好每个细节，演出就不会成功。在我的节目中，那些同意做志愿者的人是非常勇敢的，因为他们根本不知道会发生什么。（我自己就没有胆量这样做！）我向他们鞠躬以示敬佩。但问题是，表演快要结束的时候，他们大部分的脑力似乎都蒸发了。他们的脑子里满是叫喊："为什么要上来？啊！！！"

我工作的第一部分就是让参与者感到安全，并且要让他们信任我。让他们再次深呼吸。然后尽可能用简单的语言清楚地表达我的指令，一步一步来。如果参与者哪一步做错了，一定是我每次的指令太多了。这种按部就班的过程适用于你需要向别人解释如何做某事的过程，比如如何设置电视、音响和数字接收器等，这样就可以观看《美国达人秀》这个节目了。对于心理学者来说，这一点变得尤为重要，因为我经常要求观众中的志愿者进行某些心理练习。我已经明白了，你无法高估有多少人在适当的环境中精神能力可能一下子就消失了，就像突然被 800 个人盯着一样。

有人不愿意理解你的时候，并不意味着他们要制造隔阂，或故意拒绝合作。他们可能只是不认可你的逻辑，而且也不想承认。你也没有清楚地表明要求让他们始终遵循你的思路。

或者，他们没有足够的经验或参照系，不能理解你的意思。一个十几岁的孩子永远不会理解自己晚上外出时父母是多么担心。只有当他成为父母时，他才会明白这一点。一个以自我为中心的高管在职业生涯的轨道上，永远不会理解员工说担心自己不够好时的含义。

人并不完美（谢天谢地！），每个人都有自己的局限性，你我都是如此，你需要接受这一点。因为，正如道格拉斯·斯通敏锐地观察到的：

**我没有义务把事情做得更好，但是我有责任尽全力。**

偶尔自觉点儿是件好事，但谈判或解决问题的时候除外。你的大脑以闪电般的速度运转，或许你现在就要提出解决办法。然而，事先做准备总是可以帮助你获得更好的结果。因为你对某一个主题了解得越多，谈论的时候越可能表露出自己不好的一面。即使在一般情况下，也很难清晰、准确地表达自己。所以当你感到生气、害怕或有压力时，偶尔别人无法理解你的意思一点儿也不奇怪。即使一开始你没有产生这些情绪，也会有困难挑战你——有时甚至会给你一记响亮的耳光！无论你准备得多充分。所以，问题不是如何避免被“打脸”。这是托德提的一个问题，是否还记得：你能重新振作起来，让谈话朝着建设性的方向发展吗？

预先规划自己的需求和意愿。设定一个目标，设想同意哪些情况，哪些情况不能同意。困难的情况通常需要多次谈话才能解决。这些谈话能够随着时间或者会面次数的增加有一些进展。几次谈话后，你们可以共同决定下一步该怎么做。由于这个特殊的原因，你必须弄清楚你个人或整个团队的发展方向，这很重要，可以确保你不会迷失方向。

我知道我可能显得有些唠叨，但是我仍然要说：当你在解释你发现的问题时，也要听听别人的解释，它很可能比你的解释更缺乏说服力，情绪和行为经常会被混淆在一起。那么你就有重蹈覆辙的危险，把自己想象成受害者，或者把其他人当作混蛋。但是现在有一个方法可以帮助你避免这些情绪。大脑集中注意力去思考一个问题，问问自己：为什么一个理性、理智、体面的人会说出她那样的话。一定要有耐心。其他人情绪激动时，也会像你一样肾上腺素激增，这将持续很长时间，比转换到下一个话题的时间还要长。你们两个需要时间平静到正常的心理状态。

如果你在不同情况下都能与一个人达成共识，却总能与同一个人产生同样的冲突，这可能是因为这个冲突实际上是关于其他的事情。一定要保持正常的谈话，基于各自需求找到一个共同的目标。如果做不到这点，试着找一个更长期或更远大的新目标，只要不互相仇恨就可以。

## 解决冲突的方法清单

帕特森和朋友们已经整理了所需要的步骤，将原本会引发争论的话题转变成一个有挑战、有意义的过程，这将帮助每个人成长。

步骤 1

当冲突发生时，问问你自己下面这些问题：

- 到底发生了什么？
- 这对你有什么影响？
- 你对此有何看法？

- 其他人如何看待这件事？
- 参与者都有什么责任？

步骤 2

弄清楚对这种情况你应负什么责任：

- 你想要什么样的结果？
- 还有其他方法可以实现同样的结果吗？
- 如果冲突没有解决，最好和最坏的结果是什么？

步骤 3

- 描述你和他人观点之间的区别。
- 解释你的意图，并根据需要使用对比的方法。

步骤 4

- 倾听对方的解释。
- 避免任何情绪上的反击。
- 确定每个人的基本需求。
- 考虑每个人的需求并制订一个共同的目标。

步骤 5

- 尽可能多地想出解决方案。
- 选择最能满足各自需求的解决方案。
- 选择一个你们都认可的解决方案。

* * *

这本书就要接近尾声了，理论上，到目前为止，你应该已经具备一名社交大师所需的基本技能了。如果你决定试着去使用这些技巧或者立刻记住你从这本书中学到的一切，那么你可能会不知所措。这也是不可能的，我也不指望你每次解决冲突时都使用这些社交技巧。但在某些方面，你至少会有所长进。开始下一次重要谈话之前，想象是否应该先对比一下，或者是否应该阐述自己不同的观点。至少事先考虑一下如何开始对话。下次，可以多使用一种技巧，在正确的方向上迈出很小的几步都可以让你受益。你对人际交往的新理解，让你在需要同时处理多个任务的同事面前拥有了巨大的优势，他们觉得自己永远没有足够的时间做所有的事情，他们宁愿发短信也不愿意亲自交谈来消除误会，而且一旦发生激烈的冲突，他们往往会退缩，不知所措。

然而，这本书还没有完全结束。在我们分道扬镳之前，还有最后一个篇章，在这个章节，有一些结论我要和你们分享。

第9章

# 提高社交技巧，开创美好人生

没有什么重要的东西是可以教会的，只有付出血汗才能学会。

——罗伯特·安东·威尔逊

我们需要记住生活中重要的东西：朋友、华夫饼和工作。

——《公园与游憩》剧中角色莱斯利·诺普

## 现代科技改变了我们的沟通方式

毫无疑问，人与人的沟通正在经历一场历史性的变化。我们都面临着一个问题，那就是我们要用什么方式来解决这个问题。没有什么是静止不变的，没有变得更好的东西就会变得更糟。如果关系不能变得更亲密，就会疏远。如果你不亲近别人，就会变得更疏远。想要抵制正在发生的变化是徒劳的，也是不必要的。然而重要的是，这种改变以你应得的方式发生，这将为你创造一个你可以成长的环境。

我认为现代科技的过度使用是导致人的社交能力整体下降的原因之一。一会儿我还会再证明一次。但我想让你先了解一些事情。我喜欢数字技术，我喜欢它带给我们的可能性。从五岁开始，我就着迷于比现实世界先进得多的科技世界，我一生中大部分时间都在期待着我们的现实社会能赶上科技进步的那一天。起初，科技世界的情形只能在书中或电视上看到（至少在那些难得的夜晚，爸爸让我熬夜看《空间：1999》）。但未来的景象已经显现。20 世纪 80 年代初，我家偶尔去塔比购物中心，那时候街机游戏“暴风雨”是绝对的亮点，它位于邮轮造型购物中心的正中间，但我父母从来不让我玩街机游戏，然而它看起来像是来自未来的世界。在那个十年快要结束时，我梦见和威廉·吉布森的小说《神经漫游者》中的主人公亨利和莫莉一起，在虚拟现实和互联网（或者用吉布森的话说——《黑客帝国》，因为真正的互联网出现在这十年之后）结合的数字世界中遨游，它为我们提供了完整的信息。仅仅过了 10 年，尼尔·斯蒂芬森在他的小说《雪崩》中解释说，互联网的继承者（现在还不存在）的结构像 MMORG（大型多人在线扮演游戏）一样，例如《魔兽世界》（这也不存在）。在你可以用 10 美元买一副蓝牙耳机的 25 年前，斯蒂芬森的故事已经让我熟悉了人们脱离普通社会现实的想法，因为他们正茫然地不知道盯着哪儿，和不在场的人交谈，因为他们实际上是通过微型耳机与人们在线交流。就像我说的，我迫不及待地想要生活在那样的世界里。

20 世纪 90 年代初，我第一次接触虚拟现实耳机，越发觉得现实世界不够酷。仅仅几年后，我在全新的索尼游戏机上玩了一个游戏——《最终幻想 7》，在盖娅星球上度过了一段任何一个理性的人都会认为荒谬的时光。数字技术让我接触到一个全新的现实。谁还需要其他人？在我的书房里，我仍然保留着一个圆筒形的老式游戏控制台，它们都连在一起，按照正常顺序连接。我有一款模拟游戏机应用（Vectrex）、超级任天堂（Super Nintendo）、DC- 世嘉 64 位游戏机（Dreamcast）、游戏方块（GameCube）、Wii（新一代视频游戏硬件）、PS2（索尼 PlayStation 2 游戏主机）、PS3（索尼

PlayStation 3 游戏主机），PS1（索尼 PlayStation 1 游戏主机）。

就像演员大卫·坦南特说的那样：“我是个极客，但我不认为这有什么不对。我不觉得对某件事有不健康的痴迷是可耻的。”

我的观点是，我的大部分人生都在技术的魔力中度过。早在智能手机或 Facebook 出现之前，我就认为技术是具有社交功能的，却从来没有认识到事实恰恰相反。所以，相信我，在这方面我并没有什么过人之处，我不比你强。和你最糟糕的时候一样，我一直痴迷于每天查看手机 190 次，也许更多。但是现在的我在这方面有所改善。我越意识到这一点，就越容易做出正确的选择，也就越容易选择现实生活中的人而不是数字世界里的人进行交流。我相信你也能做到这一点。为了让你把这些东西放一放，练习一下社交技巧，我会举一些世界上正在发生的事情作为例子。

我不羞愧。

解决问题时，你需要有一个冷静的精神状态，不受其他事情干扰。运用共情理解别人和同情别人的时候也应该如此，虽然这些不是最快的心理过程。著名心理学家安东尼奥·达马西奥进行了一项实验，他仔细检查了那些被告知死于痛苦的人的大脑。他发现，尽管我们能迅速、本能地看到别人肉体的疼痛，但需要更长的时间去理解他们心理的痛苦。我们理解并感受他人心理及精神层面困难的这种共情思维是一个复杂的过程。达马西奥总结说，只有经过大量的时间和反思才能形成有关他人的社会和心理状况的想法。我们越是心烦意乱，就越难对别人产生共情和同情。就像达马西奥的合作研究者之一玛丽·海伦·伊莫迪诺-杨所说的：“如果事情发生得太快，你可能永远不能完全体会别人的心理状态。”

我们必须权衡一下共情心需要时间而现在的世界并不无聊这两者。在这样一个世界里，我们可以从任何我们想要的东西中获得新的印象，无论何时只要我们想要，这样的印象很丰富，以至我们需要策略（或应用程序）来对这些材料进行整理和选择，因为有太多有趣的、令人兴奋的、有教育意义的东西。同时，每天不断发生的社会新闻也充斥着我们的生活。娱乐和信息的爆炸迫使你的大脑采用新的思考模式，从而降低你反思的能力和体验丰富情感生活的能力。

要想对事物有感觉，你需要找到一种方法腾出时间去思考。

然而，同情心的减弱不能完全归咎于数字技术的发展，也与我们构建社会的方式有关。世界各国都得出同样的结论：一个国家或社会的工业化程度越高，人们患抑郁症的情况就越普遍。起初，这让许多科学家感到很困惑，为什么环境改善了人们却不快乐了呢？事实证明，这种“改善”是工作时间和工作环境等物质价值方面的改善，与社会层面无关。现在，我们知道一个人的社会环境是幸福感最强有力的预测因素之一。在尚未进入工业化时代的社会，人们日常生活的很大一部分时间都被用来培养亲密关系。人们从事体力劳动时，需要与值得信任的人密切合作；当他们不和朋友聊天或分享故事之类的事物时，他们和家人在家里，他们的注意力集中在家人身上。周围很少有其他干扰他们的事情。大多数人一生中的大部分时间都是作为一个或多个紧密联系的群体的一部分，这些群体的存在充满了社会意义。

在如今这个工业化的世界里，你面对着电脑，独自坐在装着空调的办公室里，你与你的同事在共进午餐的 25 分钟里进行简单沟通，回家为家人做饭（假设你在回家的路上没有吃寿司），睡觉前看会网飞视频（全球十大视频网站中唯一的收费站点）。好的，也许我夸张了一点儿，但仅仅是夸大了一点儿。

我并不是建议我们回到工业化前的生活方式。一方面，我们不可能做到这一点；另一方面，我非常想看到下一季的《怪奇物语》。但是物理环境和组织专家弗雷德·斯蒂尔在 1973 年写的这些话在今天依然很经典："现在的危机是需求和环境之间缺乏契合，它比有毒的水或空气要微妙得多。"

你需要意识到，你所生活的这个令人惊奇的社会，也会让你很难确定对于人类来说什么才是最重要的事：那就是良好的亲密关系。这就是社交技巧出现的原因。它是文明的开端，它仍然适用于今天的社会，因为你没有足够的资源来应对每天面临的挑战。我们都需要彼此，这意味着你应该能够建立自己的社会资本。当我们的社交网络崩溃时，我们也会一起崩溃。最好的电影坏人总是"内部敌人"也就不足为奇了：从 20 世纪 50 年代的《盗尸人的入侵》，到帕特里克·麦古汉的《囚徒》，再到伯恩的《谍影重重》。的确，导致我们不信任那些最亲近的人的阴谋比任何可怕的怪物更让我们着迷。原因很简单：只要我们多人合作，总可以杀死一个怪物。但是如果我们不能互相信任，就不会有人愿意合作，社会就会崩塌。

## 不要错误地把列表好友当成真正的朋友

幸运的是，我们并不愚蠢。似乎在内心深处，我们意识到了参与社会交往的重要性。马克·扎克伯格、达斯汀·莫斯科维茨和克里斯·休斯在开发 Facebook 时就本能地遵循了这种社会反射。心理学教授罗宾·邓巴认为，我们大脑能处理社会群体的平均规模是 150 人。如果一个群体的规模超过这个上限，那么这个群体成员之间的关系就会变得过于复杂，我们将无法控制。邓巴发现这个数字在历史上反复出现，从村庄到军事单位，到管理良好的中型企业。事实也证明，Facebook 的用户实际上保持积极沟通的好友平均数量也是 150 人（无论好友列表中有多少人）。遗憾的是，正如阿尔弗雷德·科尔兹布斯基所说，这是一个把地图错当成领土的例子。这 150 个个体的社会意义在于他们优化了我们与个人的互动。Facebook 上的好友列表与这并不是一回事。这甚至不是一个真正的人的名单；他们是喷刷、过滤后的版本。Facebook 上的朋友不能成为真正社交群体的替代品。它实际上更容易成为挫折和抑郁的源泉，因为你会根据他们向世界呈现的粉饰后的形象衡量自己的日常生活。（当然，他们也在做同样的事情，但这并不能让你好受。）有些人为了弥补这一点，愿意表现出比其他人有更多的“朋友”，但是无论有多少朋友，都不能给你的生活增添意义或快乐。现在你知道了，与一个你不知道有任何共同之处的人进行一次意想不到的谈话可以让你觉得有意义并且感到快乐。

不要让现代生活限制你的社交能力。承认这个事实，社会媒体没有“社交功能”。你的挑战是利用新兴技术及其带来的美妙世界的一切，同时确保不让它危及你的生存能力和积极生活的能力。确定哪些场合或环境可以训练你的大脑不受科技的影响，同时与身边同样不受影响的人积极交流互动。如果你做到了，将会给身边的人带来很大的惊喜。现代化社会中，许多人都缺乏人际交流。或许你的 Facebook 账号上有 150 个好友，但是没有几个人是关系非常亲密的。我们不会对别人吐露内心最深处的想法，我们遇到的社交对象大多就像我们每天都在经历磨损一样，避开所有想从我们这里得到点儿什么的人：不管他们是同事、老师、老板、同学、在私营杂货连锁店收银台结账的家伙、加油站的女孩以及我们的家人。如果你能在喧闹的生活中与一个人联系，并建立起有意义的关系，这会带给她巨大的惊喜。

## 让你的大脑活跃起来！

另一位镜像神经元研究领域的重要人物詹森•米切尔总结道：“进化赋予人类大脑一种强大的社会本能，它通过一系列的过程来推断我们周围人的想法和感受。”米切尔的研究小组发现，大脑中有三个高度活跃的区域，它们唯一的作用就是努力理解其他人在想什么。然而，数字生活导致了这些领域的过度活跃，这就是我们每隔 10 分钟左右就会创造出新型社交媒体的原因。当这些都不起作用，我们没办法把这个能力用在真实生活中的人的身上时，我们就把“读心术”的能力投射到各种各样的物体上。我们比以往任何时候都更重视对象的个性特征。你的实际社交技能力可能会在藤蔓上枯萎，但当涉及你大脑内的社交区域时，情况恰恰相反：它们工作异常努力，并且开始因为未按设计好的功能发挥作用而变得过热。所以，如果你觉得你的电脑对你来说异常刻薄，或者 Siri（苹果智能语音助手）今天听起来非常友好，这表明你需要让你的社交本能去完成它们所需要做的工作，通过控制输入来控制你负责共情能力的大脑部位的发展。

这里有一个有趣的练习。记录你一整天所使用的电子产品。你有多少空闲时间花在打电话、发电子邮件和短信、浏览 Facebook、检查 Snapchat、拍摄和发布 Instagram 的故事、看电视或流媒体视频、在 STEAM（一家游戏平台）上玩游戏，或者花在不是与其他真人互动上？把所有这些时间加起来，看看总数（如果不愿意看，可以眯着眼睛）。试着把这样的时长减少 10%，如果更激进一些，把它减少 20%。

当然，这个想法并不是让你在空闲的时间去做其他一些有干扰的事情——你应该把时间花在你关心的人身上。这点很有趣：你的社交生活变得越有趣、越轻松、越有意义，你越容易发现你应该把这一部分当作重点。

## 测一测你的社交水平

社交技巧对你有好处。一项研究得出的结论是，多年后，那些有着丰富社交活动、生活充实的老年人智力水平更高。然而，这并不在于一天中参加多少次社交活动，而是这些相互作用的质量。这些活动热情、温暖、积极吗？还是消极又冷酷？一个人感觉越孤独，他的免疫系统和心血管功能就越差。

“融入社会的个人”即处于人际关系中的人，家庭和朋友关系融洽的人，参与社交群体和网络，往往更容易从疾病中恢复过来，并且比其他人更长寿。社会关联度与寿命密切相关。

我知道你的生活是什么样的，你现在很忙。你刚刚在列表中添加了另一个“要做的事情”：开始使用你在本书中学到的社交技巧。这样做的方式是你做出的决定：“我真的打算开始使用那本书中的社交技巧。”接下来，你开始运用这些技巧，并且注意到你正在相当频繁地使用这些技巧。但是你仍然有可能回到旧的沟通方式且毫无察觉。这并不是因为你懒惰，而是因为你在做决定的时候太轻率了。决定做任何事情都需要弄清楚自己是否真的要这样做。为了在改变中成功，需要明确自己的抱负，再决定使用哪种社交技巧及其使用频率与使用时间。

在接下来的两周里，我将试着做两次对比，感受用肢体语言表现出来的紧张或者放松身体，然后用一句有意义的赞美开始一段对话。

另一种方法是只选择其中一种技巧，并设定一个目标：第一天使用这个技巧一次，第二天使用两次，第三天使用三次。以此类推，直到你觉得它已经成为一种习惯。

这样做不是为了给自己施加压力，而是给自己设定一个明确的目标。如果不这样做，你可能会认为你使用的技巧比实际的要多，这就有点儿遗憾了。

顺便说一句，关于本书中的“社交技巧”。本书所有内容旨在利用各级对话所固有的机会。但我不想让你把本书的内容看作关于该说什么、怎么说、什么时候说的一个静态清单。对话以一种有条理的方式在两人或多人之间来来回回，这需要自发性和自由性去遵循它的发展方式。希望我能帮你更好地理解那些能把你带到正确对话方向的因素。但是你的社交能力会成为你自然行为必备的方面。只有这样，它们才能成为真正的社交技巧。这本书中的技巧也不过是帮助你达到这个目的的工具而已。

请记住，你所拥有的社交技巧并不是某种有保障的特有的解决方案。当你使用时，很有可能创造出令人惊奇的邂逅和关系。然而，正如我所指出的，即使是最伟大的社交艺术大师也会时不时地撞到墙上，你也完全有可能会这样。如果发生这种情况，不要气馁。相反，考虑一下哪里出了问题，以及下次你如何能做得不一样。

此外，亲密关系的定义并不是说你可以总是阻止冲突的发生，或解决所有经常自然而然发生的冲突。这种关系并不存在，重要的是你在一场恶战后的表现。初次见面或者是有可能发生冲突的情况下使用社交技巧是很有必要的，在你们互相怒吼到面红耳赤之后的情况更是如此。这时，所有外交手段和社交技巧都会被抛到九霄云外，这样的情况迟早会发生，因为没有人是完美的。就在那时，当硝烟刚刚散去，你的社交能力将证明它的价值。永不放弃的能力是你最宝贵的财富。

如果你觉得开始实践这些新的社交技巧有点儿吓人，你应该意识到这种不适不会持续到你的余生。可怕的感觉是暂时的。就像本杰明 · 米尔在电影《我家买了动物园》中说的：

“你知道，有时候你所需要的只是 20 秒疯狂的勇气。”仅仅是 20 秒令人尴尬的勇敢。我向你保证，一定会有好事发生。

不要觉得你必须运用在本书上学的一切。

这本书值得你花时间去阅读，即便是你在这本书上只学到了一个有用的想法。

## 展示自己最好的一面

你是否曾经和某人交谈时，全程都知道要说什么？很神奇不是吗？当你拥有社交技巧时，那将是你的新常态。你将成为科学家所说的高度自我监督的人，一个下意识地努力学习社交技巧的人，一个灵活地适应他人沟通需要的人。我们见面时，通常会花费大量的时间和精力去找寻双方的共同点，并分享一些自己的经历作为互相了解的基础。拥有社交技巧的人会站在我们这方的立场上这么做。你可以掌握这些社交技巧却不会操纵别人。一旦你学会了社交技巧，它就会成为你自然行为的一部分。你和其他人一样真诚。不同之处在于，你允许身边的人做自己，并在必要时引导他们。

马丁 · 基尔达夫教授和大卫 · 戴教授发现，拥有上述特征的人平均花 18 个月的时间获得同事的认可及与其建立友谊，而其他同事却需要花多约 13 年的时间。拥有社交技巧的人比其他人拥有更高层次的社交和职业整合技能，这对我们与他们的关系产生了巨大的影响。[①] 我们自然会被那些了解我们情绪状态的人，比我们能更好地表达自己情绪状态的人吸引，他们展现出我们最好的一面。演员金·凯瑞是当今最具魅力的人之一，他对自己选择取悦他人的方式及其对自己的社交生活产生的影响做出了敏锐的观察："无论我走到哪里，都能让人们展现出自己最好的一面。"

掌握了社交技巧，你也可以做到这些。

顺便说一句，魅力是个有趣的词。每个人都知道魅力是什么，但没人能定义它。不管它究竟是什么，似乎都是客观的。有魅力的人善于表达自己，敏感且有自控力。魅力也是创造社会变革的重要因素。亚历克斯·彭特兰说，魅力型的人最典型的特点是他们能让他人尝试新的挑战。他们擅于组建高效的团队，并激励同伴。他们无人能敌，所向披靡。也许正如彭特兰所说，魅力型的人特别擅长捕捉并回应社会信号。换句话说，他们是拥有社交技巧的人。

社交技能有很多不同的用途。我很难想象，如果你的社交提升

---

① 这种洞察力，再加上亚历克斯·彭特兰对非语言"诚实信号"重要性的研究，使得许多公司选择在面试中故意取消各种社会互动，这似乎令人费解。例如，让申请人独自待在一个房间里在电脑上回答问题。可以肯定的是，这样可以确保不会出现求职者用高超的社交技巧"勾引"面试官的情况。详尽的问题也能很好地反映申请人的性格和实际能力。但即使有，也很少有与社会层面无关的职业。只要不是在孤立的地下室工作，人能够利用自己的社交技能进行有意义的交流至关重要。你可以回看第二章，再读一遍彭特兰的话。

到一个更高的水平，情况会不会得到改善？你可能已经对社交技巧有了一些明确的目标，在生活中期待改变一些具体情况。但是，如果你所掌握的新技能可以帮你在人们面前展现出最好的一面，那就足够了。

我个人的观点是，我们的存在没有特定的目的或意义。但现在，我们在这里，出于某种原因，我们联系在一起。所以，我在想为什么不好好利用呢？赫伯特·斯宾塞的观点是错误的。生活不是激烈的竞争，而是与他人共舞的表演。

唯一的问题是：你打算先邀请谁跳舞？